JN235215

Introduction to bookkeeping principles

簿記原理入門

吉田康久・魏 巍［著］
Yoshida Yasuhisa　Wei Wei

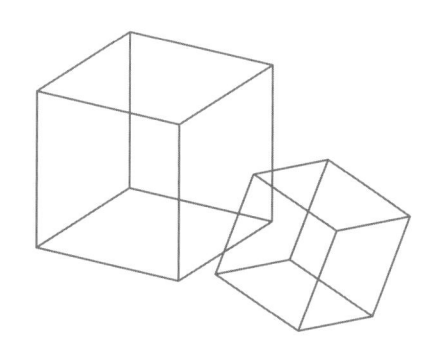

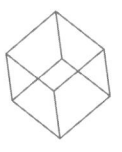

中央経済社

まえがき

　簿記の学習にあたって，最初に乗り越えなければならない壁は，勘定科目の名称がもつ意味と，借方（左）・貸方（右）のどちらに仕訳するのかを理解することである。

　勘定科目の意味がわかり，その勘定科目の仕訳をすべき借方・貸方の区別が判別できるようになれば，簿記の学習効果は飛躍的に向上する。そのためには，資産・負債・純資産，そして収益・費用という表示区分を併せて覚えることが不可欠である。

　本書では，上記のことを前提として，簿記を初めて学習することを念頭に，まず，資産・負債・純資産そして収益・費用に属する勘定科目のなかでも，初歩的な勘定科目に絞って，講義形式で解説していることに特徴がある。また，説明における専門用語をできる限り平易に，かつ少なくするように心がけている。取り扱う内容についても，初心者の学習向けに内容を限定し，日商簿記検定3級程度の内容を想定している。

　仕訳は，パターンの組み合わせであると理解して問題はない。パターンの理解は，書物を読んでいるだけでは無理である。簿記の効果的な学習は，「読むより解け」である。多くの問題を解いているうちに，仕訳のパターンが，自己のなかで明らかになってくる。身体で覚えることが何よりも大切なのである。

　自己のなかで，仕訳のパターンが明らかになり，それが定着すれば簿記を体系的に理解することができるようになる。人類の英知の所産に，ぜひ，触れていただきたい。簿記の歴史は古く，論理体系も時代とともに変遷を遂げている。簿記は，もはや国際的な学問なのである。

　最後に，本書の企画から出版に至るまで，中央経済社の取締役常務の小坂井和重氏にお世話になった。御礼を申し上げたい。

2011年3月

吉 田 康 久
魏　　　巍

勘定科目体系

資産の勘定科目

負債の勘定科目・純資産の勘定科目

費用の勘定科目

収益の勘定科目

集合勘定科目・混合勘定科目・中間勘定科目・評価勘定科目

資産の勘定科目

勘定科目	説明	勘定科目	説明
現　　　金	通貨（紙幣・硬貨）と現金に換金できる通貨代用証券	売買目的有価証券	他社が発行している株式や社債・公債など
当座預金	当座預金口座に預け入れているお金	土　　　地	生活空間に欠かせない土地
売　掛　金	商品を掛で販売し，代金は後で受け取るもの	建　　　物	ビルやオフィス，店舗など
受取手形	満期日が到来すれば，お金を受け取れる証券	車両運搬具	商品の運搬や営業上で利用する自動車
繰越商品	在庫として残っている商品	備　　　品	机やイス，パソコンなど
商　　　品	販売する商品	消　耗　品	購入した文房具のうち，未使用であるもの
貸　付　金	他人にお金を貸していて，後で返済を受けるもの	前　払　金	商品の受取りに先立って代金を前もって支払っている
手　形貸　付　金	手形を使ってお金を貸していて，後で返済を受けるもの	前払費用（前払○○）	次期の分となる費用で，前もって支払っているもの
立　替　金	他人が支払うべきお金を，代わりに自己が支払った	未収収益（未収○○）	当期の分となる収益であるが，まだ受け取っていないもの
未　収　金	お金をまだ受け取っていない	小口現金	文房具や電車代などに用意している少額のお金
他　店商　品　券	他の商店が発行した商品券	仮　払　金	目的が不明でも，仮に払っているお金で，後で精算する

負債の勘定科目

借入金	他人から借りているお金	仮受金	目的が不明でも，仮に受け取っているお金で，後で精算する
買掛金	商品を掛けで仕入れ，代金を後で支払う	預り金	一時的に，預っているお金
支払手形	満期日が到来すれば，お金を支払わなければならない証券	前受収益（前受○○）	次期の分となる収益で，前もって受け取っているもの
未払金	お金をまだ支払っていない	未払費用（未払○○）	当期の分となる費用で，まだ支払っていないもの
手形借入金	手形を使い，お金を借りていて，後で返済する	商品券	自己が発行した商品券
前受金	商品の引き渡しに先立って代金を前もって受け取っている	当座借越	当座預金口座の残高不足を，銀行が立て替えているお金

純資産の勘定科目

資本金	会社の設立にあたって，元入れするお金

費用の勘定科目

仕　　　入	商品の仕入れ代金	貸倒引当金繰　　　入	貸倒引当金の設定で，当期に費用として認識するもの
給　　　料	従業員への給与	貸倒損失	売掛金や受取手形などの債権が未回収となったもの
水道光熱費	電気，ガス，水道などの公共料金	租税公課	自動車税や固定資産税，印紙税など
支払手数料	何らかの作業をしてもらい，手数料として支払ったもの	消耗品費	購入した文房具のうち，使用したもの
支払利息	お金を借りていて，利息として支払ったもの	修繕費	建物や物品などの，修理に要したお金
支払家賃	ビルや家屋などを借りていて，家賃として支払ったもの	減価償却費	建物や車両の価値の減価で，当期分のもの
支払地代	他人から土地を借りていて，地代として支払ったもの	売上原価	販売した商品の原価
支払保険料	保険料（掛金）として支払ったもの	手形売却損	満期日前に，手形を銀行で換金するときの割引料
発送費	商品を買主へ発送する際に掛かった運賃など	固定資産売却損	建物や自動車などの売却で損をした金額
旅費交通費	電車，バス代など	有価証券売却損	株式や社債などの売却で損をした金額
通信費	切手やハガキ代など	有価証券評価損	保有している株式や社債の時価が下落した金額
雑費	お茶・お菓子，新聞代など	雑損	特定の勘定科目には属さないが，減少した少額のお金

収益の勘定科目

売　　　上	商品の売上高	有価証券利息	社債や国債を保有していて、期日が来れば貰えるお金
受取手数料	何らかの作業をして、手数料として受け取ったもの	有価証券売却益	株式や社債などの売却で利益を得た金額
受取保険料	保険料（掛金）として受け取ったもの	有価証券評価益	保有している株式や社債の時価が上昇した金額
受取利息	お金を貸していて利息として受け取ったもの	固定資産売却益	建物や自動車などの売却で利益を得た金額
受取家賃	ビルや家屋などを貸していて家賃として受け取ったもの	貸倒引当金戻入	設定していた貸倒引当金として不要となった額
受取地代	他人に土地を貸していて地代として受け取ったもの	償却債権取立益	貸倒れとして処理していたが、後で回収できたもの
受取配当金	株主（株式を保有）として会社から受け取るお金	雑　　　益	原因は不明であるが、増加したお金

集合勘定科目

| 損　　　益 | 決算のときに収益と費用の勘定を集約させるための一時的な勘定 |

混合勘定科目

| 当　　　座 | 当座預金勘定と当座借越勘定を統合した勘定 |

中間勘定科目

| 現　金　過　不　足 | 現金の実際有高が，帳簿残高より過不足の場合に，原因が判明するまで待機させる勘定 |

評価勘定科目

貸　倒　引　当　金	売掛金や受取手形などの債権のうち，未回収が予想される金額を，貸倒れとして予め引き当てるための勘定
減価償却累計額	建物や車両，備品などの価値の減価を，毎年，累計させるための勘定
引　出　金	店主などが私用のために引き出したお金や商品など

目　次

まえがき／i
■勘定科目体系／iii

講義1　簿　　記 ・1
　[1] 簿記の生成と発展／2
　[2] 単式簿記と複式簿記／3
　[3] 商業簿記と工業簿記／4
　[4] 取引と仕訳／5
　[5] 簿記の目的／6

講義2　仕　　訳 ・7
　[1] 仕訳の型／8
　[2] 仕訳の仕方／9
　[3] 仕訳の借方(左)と貸方(右)／10
　[4] 仕訳の貸借金額の一致／11
　[5] 仕訳の因果性／12

講義3　貸借対照表・損益計算書 ・13
　[1] 貸借対照表の概要／14
　[2] 損益計算書の概要／15
　[3] 貸借対照表と損益計算書の略図／16
　[4] 資産・負債・純資産および収益・費用の概念／17
　[5] 貸借対照表の勘定科目体系／18
　[6] 損益計算書の勘定科目体系／19
　[7] 財産法と損益法(当期純利益)／20
　[8] 貸借対照表と損益計算書の連関／21

講義4　仕訳の原則 ────────────── ・22
- [1] 貸借対照表勘定科目の仕訳／23
- [2] 資産勘定の仕訳／24
- [3] 負債勘定の仕訳／25
- [4] 純資産勘定の仕訳／26
- [5] 損益計算書勘定科目の仕訳／27
- [6] 収益勘定の仕訳／28
- [7] 費用勘定の仕訳／29
- [8] 取引の種類／30

講義5　仕訳と勘定口座 ────────────── ・31
- [1] 仕訳の記帳／32
- [2] 転記の原則／33
- [3] 勘定口座への転記／34

講義6　現金・当座預金 ────────────── ・35
- [1] 現金勘定の対象となるもの／36
- [2] 現金勘定の仕訳／37
- [3] 当座預金勘定を使用する取引／38
- [4] 当座預金勘定の仕訳／39
- [5] 当座預金口座の借越しの仕訳／40
- [6] 当座預金勘定と当座借越勘定／41

講義7　商品売買 ────────────── ・42
- [1] 3分法／43
- [2] 商品仕入れの記帳／44
- [3] 商品仕入れの返品と値引きの記帳／45
- [4] 商品販売の記帳／46
- [5] 商品販売の返品と値引きの記帳／47

目　次　III

講義8　商品売買の付帯取引 ・48
　　［1］　仕入諸掛費（引取費）の記帳／49
　　［2］　売上諸掛費（発送費）の記帳／50
　　［3］　売上諸掛費の立替えの記帳／51
　　［4］　前払金勘定の記帳／52
　　［5］　前受金勘定の記帳／53

講義9　売掛金・買掛金その他の債権・債務 ・54
　　［1］　売掛金勘定の記帳／55
　　［2］　買掛金勘定の記帳／56
　　［3］　未収金勘定・未払金勘定の記帳／57
　　［4］　立替金勘定・預り金勘定の記帳／58
　　［5］　仮払金勘定・仮受金勘定の記帳／59
　　［6］　貸付金勘定・借入金勘定の記帳／60
　　［7］　手形貸付金勘定・手形借入金勘定の記帳／61
　　［8］　商品券・他店商品券の記帳／62

講義10　約束手形 ・63
　　［1］　約束手形／64
　　［2］　受取手形勘定・支払手形勘定の記帳／65

講義11　為替手形 ・66
　　［1］　為替手形／67
　　［2］　受取手形勘定・支払手形勘定の記帳（仕入代金の支払い）／68
　　［3］　受取手形勘定・支払手形勘定の記帳（買掛金の支払い）／69
　　［4］　為替手形の振出人と支払人（引受人・名宛人）の貸借関係／70

| 講義12 | 手形の裏書譲渡 ———————————————— ・71
　　　　［１］　約束手形と為替手形の裏書／72
　　　　［２］　約束手形の裏書譲渡の記帳（他人振出し・
　　　　　　　自己振出し）／73
　　　　［３］　為替手形の裏書譲渡の記帳（他人引受け・
　　　　　　　自己引受け）／74

| 講義13 | 手形の決済と割引 ———————————————— ・75
　　　　［１］　手形決済の記帳／76
　　　　［２］　手形割引料の計算／77
　　　　［３］　手形割引料（手形売却損）の記帳／78

| 講義14 | 貸倒引当金の設定 ———————————————— ・79
　　　　［１］　貸倒損失の記帳／80
　　　　［２］　貸倒引当金の設定と記帳／81
　　　　［３］　貸倒れ発生時の記帳／82
　　　　［４］　償却債権の取立ての記帳／83

| 講義15 | 貸倒引当金の残高設定 ———————————————— ・84
　　　　［１］　貸倒引当金の残高設定（差額補充法）／85
　　　　［２］　貸倒引当金の残高設定（洗替法）／86
　　　　［３］　貸倒引当金の残高設定（戻入れ）／87

| 講義16 | 有形固定資産の取得と減価償却 ———————————— ・88
　　　　［１］　有形固定資産の取得と資本的支出・
　　　　　　　収益的支出／89
　　　　［２］　減価償却費の計算方法／90
　　　　［３］　減価償却費の計算（定額法・定率法）／91

講義17 減価償却費の記帳と有形固定資産の売却・除却 — 92

[1] 減価償却費の記帳（直接法・間接法）／93
[2] 有形固定資産の売却（直接法）／94
[3] 有形固定資産の売却（間接法）／95
[4] 有形固定資産の除却（直接法・間接法）／96

講義18 有価証券の取得・売却・評価替え — 97

[1] 売買目的有価証券の取得・売却（株式）／98
[2] 売買目的有価証券の取得・売却（株式）の勘定口座／99
[3] 売買目的有価証券の取得・売却（社債）／100
[4] 売買目的有価証券の取得・売却（社債）の勘定口座／101
[5] 売買目的有価証券の評価替え／102
[6] 売買目的有価証券の評価替えの勘定口座／103

講義19 費用および収益の繰延べ — 104

[1] 繰延べの認識／105
[2] 費用の繰延べ／106
[3] 収益の繰延べ／107

講義20 費用および収益の見越し — 108

[1] 見越しの認識／109
[2] 費用の見越し／110
[3] 収益の見越し／111

講義21 現金過不足・引出金・消耗品 — 112

[1] 現金過不足の記帳／113
[2] 現金過不足の雑益・雑損への振替え／114

　　　　［3］　引出金の記帳と資本金への振替え／115
　　　　［4］　消耗品の記帳（消耗品費・消耗品）／116

講義22　決　算 ——————————————— 117
　　　　［1］　決算手続き／118
　　　　［2］　決算手続きの手順／119
　　　　［3］　仕　訳　帳／120
　　　　［4］　総勘定元帳／122

講義23　決算予備手続き（試算表の作成） ——————— 125
　　　　［1］　試算表の役割／126
　　　　［2］　試算表の種類と様式／127
　　　　［3］　試算表の仕組み／128
　　　　［4］　試算表の作成（残高試算表）／129

講義24　決算予備手続き（棚卸表の作成） ——————— 130
　　　　［1］　棚卸表の様式／131
　　　　［2］　決算整理事項／132
　　　　［3］　棚卸表の作成／134

講義25　決算予備手続き（精算表の作成） ——————— 135
　　　　［1］　精算表の仕組み／136
　　　　［2］　精算表の種類と様式／137
　　　　［3］　精算表の作成手順／139
　　　　［4］　精算表の作成／140

講義26　決算本手続き
　　　　（損益勘定の作成と収益・費用勘定の締切り）—— 141
　　　　［1］　決算振替仕訳の体系（英米式決算法）／142
　　　　［2］　決算振替仕訳／143

　　　　　[３]　収益・費用勘定の締切り／144
　　　　　[４]　損益勘定の締切り／146

講義27　決算本手続き
（資産・負債・純資産勘定の締切りと繰越試算表の作成）———— ・147
　　　　　[１]　資産・負債・純資産勘定の締切り／148
　　　　　[２]　繰越試算表の作成／151
　　　　　[３]　仕訳帳の締切り／152

講義28　決算本手続き
（貸借対照表・損益計算書の作成）———————————— ・154
　　　　　[１]　損益計算書の作成／155
　　　　　[２]　貸借対照表の作成／156

講義29　現金出納帳と当座預金出納帳———————————— ・157
　　　　　[１]　補　助　簿／158
　　　　　[２]　現金出納帳と当座預金出納帳の様式／159
　　　　　[３]　現金出納帳の作成／160
　　　　　[４]　当座預金出納帳の作成／161

講義30　小口現金出納帳———————————————————— ・162
　　　　　[１]　小口現金制度の仕組み／163
　　　　　[２]　小口現金出納帳の様式／164
　　　　　[３]　小口現金出納帳の補給方法／165
　　　　　[４]　小口現金出納帳の作成／166

講義31　受取手形記入帳・支払手形記入帳———————————— ・167
　　　　　[１]　手形取引の詳細／168
　　　　　[２]　受取手形記入帳と支払手形記入帳の様式／169
　　　　　[３]　受取手形記入帳の作成／170

　　　　［4］　支払手形記入帳の作成／171

講義32　売掛金元帳・買掛金元帳 ・172
　　　　［1］　人名勘定／173
　　　　［2］　売掛金元帳と買掛金元帳の様式／174
　　　　［3］　売掛金元帳の作成／175
　　　　［4］　買掛金元帳の作成／177

講義33　仕入帳・売上帳 ・179
　　　　［1］　仕入帳の様式／180
　　　　［2］　仕入帳の作成／181
　　　　［3］　売上帳の様式／182
　　　　［4］　売上帳の作成／183

講義34　商品有高帳 ・184
　　　　［1］　商品有高帳の様式／185
　　　　［2］　商品有高帳の作成(先入先出法・移動平均法)／186

講義35　伝票制度 ・188
　　　　［1］　伝票の一般様式／189
　　　　［2］　3伝票制／190
　　　　［3］　5伝票制／192
　　　　［4］　伝票制の仕訳と記入方法
　　　　　　　（現金取引を含む場合）／195
　　　　［5］　3伝票制の記入(現金取引を含む場合)／196
　　　　［6］　5伝票制の記入(現金取引を含む場合)／197

■練習問題／199
■索　　引／213

講義1

簿　記

講義にあたって

　社会生活は，基本的に財貨（俗にいうお金）を元にして成り立っている。自給自足の生活ではない限り，財貨によって成立している社会に人は属している。財貨により成り立つ社会生活では，その財貨の流れ（収支）を把握することが欠かせない。

　把握といっても記憶だけでは，忘却から逃れられないため，何らかの帳面に記帳（記録）しておくことが必要となる。その記帳するための原理・技術として存在しているのが，簿記である。簿記の原理・技術の歴史は長く，人類の偉大な産物といっても言い過ぎではない。

講義の要点

［1］　簿記の生成と発展　　［4］　取引と仕訳
［2］　単式簿記と複式簿記　［5］　簿記の目的
［3］　商業簿記と工業簿記

学習する用語

『ズムマ』・ルカ＝パチョーリ／単式簿記・複式簿記／商業簿記・工業簿記／取引・仕訳／会計責任

[1] 簿記の生成と発展

簿記という帳簿記入の原理・技術は，突然に出来上がったものではない。長い歴史のなかで，生成と発展を遂げて，今日の簿記の仕組みに至っている。簿記の起源がいつであるのかを特定することは，確固たる根拠が見出せていないためできないが，諸説は存在している。

簿記における最古の書物として，広く認知されているものに，1494年に出版された『**ズムマ**』がある。『ズムマ』は，日本語で『算術・幾何・比および比例総覧』と訳されている。

著者は，イタリアの数学者である**ルカ＝パチョーリ**である。この書物は，簿記による記帳技術を体系的に紹介するもので，簿記を世界中に広めた功績を残している。『ズムマ』が，簿記を体系化した書物であるということは，それ以前から簿記生成の起源となる記帳が行われていたことになる。

簿記生成の起源は，十字軍の遠征（1096年～）の時代であるとする説が，一般的である。十字軍の遠征時代に，物資（物財）の供給と需要の流れが商業の基盤を築き，商業資本家による資本の蓄積をもたらした。それにより，帳簿への記録・計算の必要性が高まり，簿記の原理・技術として生成し発展してきたのである。日本に簿記が紹介されたのは，1873年の福沢諭吉の『帳合之法』と，同年のアラン＝シャンドの『銀行簿記精法』である。

［2］ 単式簿記と複式簿記

簿記には，**単式簿記**と**複式簿記**がある。

単式簿記は，現金等の特定項目の増減の変動を記録・計算・整理する簿記技術である。単式簿記は，現金の増減を把握することが目的である家計簿や小遣帳などを想像すればわかりやすい。

対して，複式簿記は，財貨全般の増減の流れを，有機的に関連付け，記録・計算・整理する簿記技術である。単式簿記は，事実のみを記帳し，複式簿記は事実を原因と結果に分類して記帳する。そのため，複式簿記は，単式簿記に比べて記帳の方法が複雑になる。

次の2つの例を見てみると，相違が明らかになる。1つは，銀行から現金80,000円を借り入れたとき，2つは交通機関に乗り交通費として現金10,000円を支払ったときの2つの記帳は，単式簿記と複式簿記では相違する。

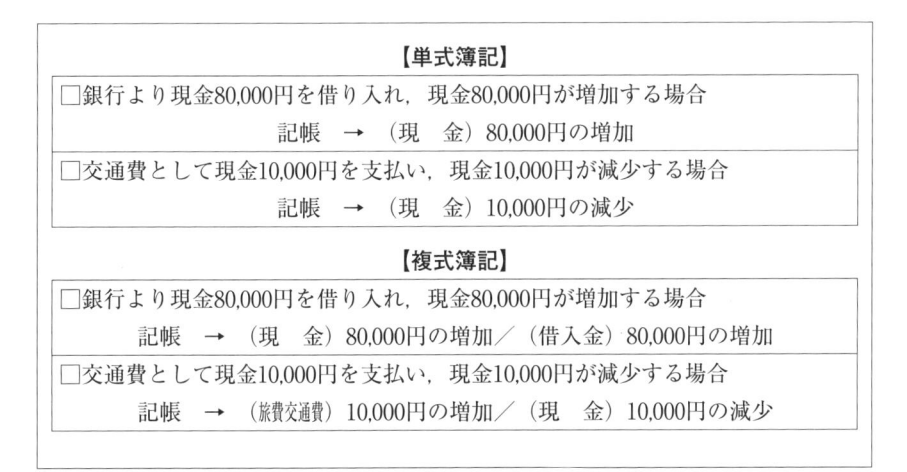

【単式簿記】
□銀行より現金80,000円を借り入れ，現金80,000円が増加する場合
　　　　記帳　→　（現　金）80,000円の増加
□交通費として現金10,000円を支払い，現金10,000円が減少する場合
　　　　記帳　→　（現　金）10,000円の減少

【複式簿記】
□銀行より現金80,000円を借り入れ，現金80,000円が増加する場合
　　　　記帳　→　（現　金）80,000円の増加／（借入金）80,000円の増加
□交通費として現金10,000円を支払い，現金10,000円が減少する場合
　　　　記帳　→　（旅費交通費）10,000円の増加／（現　金）10,000円の減少

単式簿記では現金の増減の事実しか記帳されないが，複式簿記では現金の増減という事実を，原因と結果が関連付けられて記帳される。単式簿記よりも，複式簿記による記帳の方が，記帳の手間は掛かるが，すべてが関連付けられているため，全体を把握するには適していることになる。簿記の学習をいう場合は，通常，複式簿記のことをいう。

[3] 商業簿記と工業簿記

簿記は，経営の業態によって大きく**商業簿記**と**工業簿記**に類別される。

簿記を学習するにあたっては，まず，商業簿記を学び，その後に工業簿記を学ぶのが通例となっている。簿記の学習では，簿記の原理・技術の基本原則を，先に商業簿記で学ぶことが必須である。

【商業簿記】

商業簿記は，商品を仕入れて，それを転売する商品売買を営む業態において採用される。一般には，卸売業者や小売業者がそれに該当する。

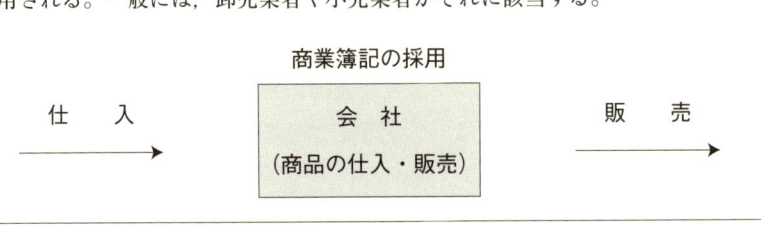

商業簿記の採用

仕 入 → 会 社（商品の仕入・販売）→ 販 売

【工業簿記】

工業簿記は，材料などを買い入れて製品の製造を営む業態において採用される。一般には，工業製品などを製造している業種がその代表例で，メーカーと総称されている。

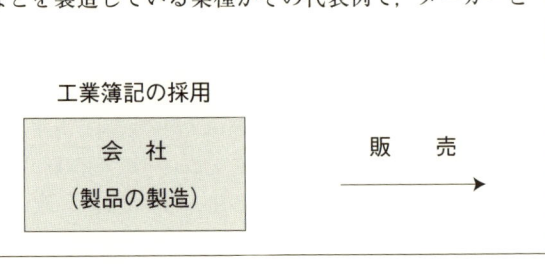

工業簿記の採用

会 社（製品の製造）→ 販 売

商業簿記では，商品を扱い，工業簿記では製品を扱うという明瞭な違いがある。しかし，簿記による原理・技術の基本は同じであり，記帳の方法や仕組みが少し異なっているだけである。その異なっている箇所を1つ挙げると，工業簿記では製品の原価計算を行うことである。

[4] 取引と仕訳

簿記における記帳には、ある要件がある。その要件とは、記帳の対象が取引であることである。**取引**という語は、日常でも一般的ではあるが、簿記における取引は、それとは異なる。簿記でいう取引は、資産・負債・純資産（資本）（「講義3　貸借対照表・損益計算書」で後述する）に、増減を生じさせることが前提となる。

たとえば、商品の注文契約や事務所の賃借契約などは、簿記でいう取引には当たらない。現に、商品を仕入れたり、家賃を支払ったとなれば、簿記でいう取引に該当する。他に、商品を販売するために、交通機関に乗り交通費を支払ったり、自動車が災害で破損したりすれば、資産等が減少したことになり、簿記でいう取引となる。

簿記でいう取引が発生すると、それらをすべて記帳しなければならない。記帳の方法は、**仕訳**（「講義2　仕訳」で後述する）を通して行う。仕訳は、簿記の原理・技術に支えられている。よって、仕訳を通して記帳を行うには、簿記の原理・技術の理解が不可欠である。

【取引と仕訳】

〔事例1〕
　　　　　　　（取引の発生）
銀行から80,000円を借り入れたので、現金80,000円が増加した。
　　　　　　　（仕　　訳）
　（現　　　金）　80,000　　（借　入　金）　80,000

〔事例2〕
　　　　　　　（取引の発生）
交通機関に乗り、交通費として10,000円を、現金で支払った。
　　　　　　　（仕　　訳）
　（旅費交通費）　10,000　　（現　　　金）　10,000

[5] 簿記の目的

　簿記の目的は，その起源においては取引の備忘記録が役割の中心であったと考えられるが，今日では，単なる備忘記録にとどまらず，近代化した現代においては，取引の記録を財務諸表（「講義3　貸借対照表・損益計算書」で後述する）として要約し，会計責任を明らかにすることにある。

　簿記は，1つの社会規範として成立している。社会生活のなかで，個人であれ企業であれ，商行為（営業活動）を営む者は，会社法（商法）という法律によって，簿記による記帳（会計帳簿の作成）が義務付けられている。

　会社法が，簿記による記帳義務を負わせている背景には，商行為を営む者に自己の財務諸表を開示させ，**会計責任**を明らかにするという目的をもって，利害関係者間（株主・債権者・出資者・取引先，さらに国など）における健全な商習慣を維持させようとする狙いがある。

【会計帳簿】

（主　要　簿）
仕訳帳・総勘定元帳

（補　助　簿）
現金出納帳・当座預金出納帳・仕入帳・売上帳・手形記入帳・商品有高帳・売掛金元帳・買掛金元帳・小口現金出納帳など

【簿記の3つの公理】
会計単位：簿記の記帳が義務付けられる単位（個人や会社）をいう。
会計期間：1年基準や営業循環基準などがあるが，通常は1年基準である。
貨幣公準：記帳のすべては，貨幣表示（金額表示）する。

講義 2

仕　訳

講義にあたって

　簿記を学習するということは，仕訳を学習するということに他ならない。仕訳が理解できれば，簿記も学習できるようになるのである。仕訳の理解は，簿記の学習における第一歩である。

　では，仕訳とは'何なのか'について，学習してみよう。仕訳の学習においては，仕訳における基本原理を学ぶことが，何よりも重要である。仕訳の基本原理は，どのような取引に対しても共通の原則となる。よって，仕訳の基本原理は難しいものではない。

　仕訳が難しいと感じるのは，取引の内容を十分に理解できていないことが原因である。仕訳そのものは，仕訳の基本原理に従っていればよいのである。取引の内容を分析し，把握することが仕訳への一歩である。

講義の要点

[1] 仕訳の型　　　　　　[4] 仕訳の貸借金額の一致
[2] 仕訳の仕方　　　　　[5] 仕訳の因果性
[3] 仕訳の借方(左)と貸方(右)

学習する用語

仕訳・勘定／借方・貸方／貸借平均の原理・取引の2面性

[1] 仕訳の型

　仕訳を学習する前に，**仕訳**という用語のもつ意味を少し理解してみよう。

　「仕訳」は，'しわけ'と読む。'しわけ'と読む用語として，他に「仕分」がある。仕分という用語は，日常でもよく用いられる。「仕分」の意味合いは，物事を特性や性質などによって，分類あるいは区分することであると理解してよいであろう。それに対して「仕訳」の意味合いは，物事を原因と結果という道理を明らかにして分類あるいは区分することであると理解すればよいであろう。「仕分」と「仕訳」の異なる点は，'分'と'訳'の漢字のもつ意味合いの違いである。

　では，仕訳とは，どのようにするのか。仕訳の例を見てみよう。次の例が，最も基本的な仕訳である。

| （現　　　金） | 100,000 | （借　入　金） | 100,000 |

　上記の仕訳を，見てみると，'現金'と'借入金'という用語と，100,000円という金額が2箇所に記入されている。「仕訳」のもつ意味合いから，上記の仕訳に表れている物事の原因と結果という道理を考えてみよう。そこには，次のような原因と結果による道理が存在しているのである。その道理における原因は，「現金を，100,000円を借り入れた」ことであり，結果は「現金が手許に，100,000円増えた」ということである。もう1つ，他の仕訳を見てみよう。

| （旅費交通費） | 3,000 | （現　　　金） | 3,000 |

　上記の仕訳に，どのような原因と結果という道理があるのであろうか。その道理は，原因として「3,000円分の交通機関に乗った」ので，結果として「料金分である3,000円の現金が手許から減った」ということである。

　それでは，商品20,000円分を販売して代金を現金で受け取った場合，「商品20,000円分を販売した」ことを原因として，結果として「代金として受け取った現金20,000円が手許に増えた」という道理が成立する。仕訳は次のようになる。

| （現　　　金） | 20,000 | （売　　　上） | 20,000 |

　仕訳とは，用語と金額を用いて，道理を記帳することであり，簿記の原理を支える技術であるといえるのである。

[2] 仕訳の仕方

前項の仕訳を詳しく見てみよう。

| (旅費交通費) | 3,000 | (現　　金) | 3,000 |

　上記の仕訳では，旅費交通費と現金という用語が用いられている。仕訳は，まず，用語を用いることが前提となる。なぜなら，原因と結果を把握するためには，用語が欠かせないからである。仕訳は，原因と結果をごく単純明快な用語を用いて，結び付けているものであることを理解しなければならない。ここで，仕訳の意図を汲み取る必要がある。

　旅費交通費という用語を見てみよう。交通機関に乗ったという事実は明らかであるが，それが電車なのかバスなのか，あるいはタクシーなのかわからない。たとえば，電車とバスに乗って，電車賃が1,200円でバス代が1,800円であったとすれば，仕訳は次のようにすべきであろうか。

| (電　車　賃) | 1,200 | (現　　金) | 1,200 |
| (バ　ス　代) | 1,800 | (現　　金) | 1,800 |

　仕訳では，上記のようにはしないのである。仕訳は明細を記述するのではなく，原因と結果を要約して記述するものなのである。したがって，電車とバスは，交通機関として分類（仕分）されるので，それらに支払った料金は，旅費交通費として要約して記帳するのである。

　それでは，次の仕訳を見てみよう。

| (現　　金) | 20,000 | (売　　上) | 20,000 |

　上記の仕訳は，商品20,000円分を販売しているが，商品が何であるのかはわからない。わからない理由は，要約して仕訳をしているからである。仕訳は，要約を記述するのみであり，明細は別に記録しているのである。このように，仕訳で用いるために要約された用語を**勘定**という。

　よって，仕訳をするためには，どのような勘定があるのかを知っていないと仕訳できないのである。仕訳を記帳する場合に，どのような勘定を用いるべきかについては，取引の内容によって定まるのである。これが仕訳の仕方であり，理念である。

［3］仕訳の借方(左)と貸方(右)

もう一度，前項の次の仕訳を見てみよう。

| （現　　　金） | 100,000 | （借　入　金） | 100,000 |

この仕訳の真ん中に，1本の線を縦に引いてみると，仕訳が勘定と金額を，1つの対として，左と右に区分される様子がわかる。

| （現　　　金） | 100,000 | （借　入　金） | 100,000 |

仕訳において，この左右に区分された2つの領域のうち，左側を**借方**（Debtor：借主）そして右側を**貸方**（Creditor：貸主）という。

借　方	貸　方
（現　　　金）　100,000	（借　入　金）　100,000

なぜ，左側を借方，そして右側を貸方と称するかについては，諸説があり定かではない。現状では，仕訳をする場合には，この借方・貸方という左右の区分を所与の前提として受け入れなければならないのである。仕訳をするということは，すなわち借方・貸方に勘定を区分することが起点となる。

現在の左右における借方・貸方の区分の生成までには，いくつかの記帳方法の変遷があったといわれている。初期の頃は，貸借の記入に区分がなく，上の行から下の行へと取引の順に単に無秩序に記帳していたようである。この方法は，記帳が容易である反面，後での見直しや検証が困難である。

よって，その後，改良が加えられ上下に貸借を区分し，借方部分は上段に記入し貸方部分は下段に記入する方法が生まれたとされる。この方法によっても，上段と下段の記帳頁の確保が，取引の数が多ければ多いほど困難になる。これらの課題を解決するために改良されたのが，借方は左へ，そして貸方は右へという上下区分から左右区分への変更である。

借方・貸方の左右区分は，現在においても用いられているのである。ゆえに，仕訳をする場合には，借方・貸方の区分に従うことは，公理となっているのである。左が借方であり，右が貸方であるという理由は，西洋の言語体系，すなわち主格の扱いに由来するともいわれている。

［4］仕訳の貸借金額の一致

次の仕訳を見てみよう。前述の仕訳とは型が異なっている。借方に2つの勘定が記入され，貸方に1つの勘定が記入されている。

（借　入　金）	100,000	（現　　　金）	102,000
（支 払 利 息）	2,000		

仕訳では，借方に勘定がいくつ，貸方に勘定がいくつという制約が設けられているわけではない。借方・貸方には，取引の道理を適切に表す勘定が適切に用いられ，仕訳されることが重要なのである。

上記の仕訳を見て，あることがわかるであろう。それは，借方と貸方のそれぞれの合計金額が一致している点である。

（借　入　金）	100,000	（現　　　金）	102,000
（支 払 利 息）	2,000		
	102,000		102,000

仕訳では，借方と貸方のそれぞれの勘定に記入されている金額の合計額が，一致することが前提である。借方と貸方の合計金額が一致しない場合は，その仕訳は誤っていることになる。仕訳において，借方と貸方の合計金額が一致することを，**貸借平均の原理**という。

貸借平均の原理は，仕訳の際における1つの目安になってくれる。仕訳は，借方と貸方の，合計金額が一致するようにしなければならないのである。

（支 払 利 息）	2,000	（現　　　金）	2,000
（借　入　金）	100,000	（当 座 預 金）	100,000
	102,000		102,000

上記の2つの仕訳は，取引の内容が異なっている。上の仕訳（中段）は，借入金を返済する時の元本100,000円と利息の2,000円を合わせて現金で支払っているという取引である。下の仕訳（下段）は，借入金を返済する時の元本100,000円は小切手で支払い，利息の2,000円は現金で支払っているという取引である。取引が異なっても，貸借平均の原理は成立しているのである。

[5] 仕訳の因果性

以下に，4つの取引における仕訳を見てみよう。

(1) 500,000円の自動車を購入し，代金は現金で支払った場合の取引の仕訳は，次のようになる。原因として，500,000円の自動車（勘定名は車両運搬具を使う）が手許に増加するが，結果として代金の500,000円の現金が，手許から減少している。借方が増加し，貸方が減少している仕訳である。

（車両運搬具） 500,000	（現　　　金） 500,000

(2) 土地を1,000,000円で売却し，代金は現金で受け取った場合の取引の仕訳は，以下のようになる。原因として1,000,000円の土地（勘定名も土地を使う）が手許から減少するが，結果として代金の1,000,000円の現金が，手許に増加している。借方が増加し，貸方が減少している仕訳である。

（現　　　金） 1,000,000	（土　　　地） 1,000,000

(3) 仕事の仲介の代償として，手数料80,000円を現金で受け取った場合の取引の仕訳は，次のようになる。原因として80,000円の手数料（勘定名は受取手数料を使う）が収入として増加し，結果としてさらに現金が手許に増加している。借方が増加し，貸方も増加している仕訳である。

（現　　　金） 80,000	（受取手数料） 80,000

(4) 商品を販売したが，その販売した商品のうち4,000円分が返品され，返品分を現金で返金した場合の取引の仕訳は，次のとおりである。原因として，4,000円の売上高（勘定は売上を使う）が減少し，結果として4,000円の現金が手許から減少している。借方が減少し，貸方も減少している仕訳である。

（売　　　上） 4,000	（現　　　金） 4,000

上記の4つの仕訳によってわかることは，すべての仕訳には，原因と結果の2つの事象を，借方・貸方の増加・減少という組み合わせによって認識することに他ならないということである。これを，**取引の2面性**という。

上例は，それぞれに借方・貸方に勘定が1つしかない単一仕訳であるが，借方・貸方にそれぞれに勘定が複数ある複合仕訳になると，複雑な増加と減少の組み合わせになる。

講義3

貸借対照表・損益計算書

講義にあたって

　貸借対照表と損益計算書は，「講義1　簿記」でも記述しているが，取引が要約された財務諸表（計算書類ともいう）として代表的なものである。そして，仕訳における基本原則となっている借方・貸方を識別するための公準ともなっているのである。

　貸借対照表と損益計算書の学習は，仕訳における理解を進める上で重要である。貸借対照表の学習では，資産・負債・純資産（資本）の概念ならびにその構造と属する勘定科目の理解が，そして損益計算書の学習では，収益・費用の概念ならびにその構造と属する勘定科目の理解が前提となる。

講義の要点

［1］　貸借対照表の概要
［2］　損益計算書の概要
［3］　貸借対照表と損益計算書の略図
［4］　資産・負債・純資産および収益・費用の概念
［5］　貸借対照表の勘定科目体系
［6］　損益計算書の勘定科目体系
［7］　財産法と損益法（当期純利益）
［8］　貸借対照表と損益計算書の連関

学習する用語

財務諸表／貸借対照表・財政状態／損益計算書・経営成績／財産法・損益法

［1］貸借対照表の概要

貸借対照表は，損益計算書と並んで，**財務諸表**のなかでも中心に位置付けられ，作成が義務付けられている計算書である。

貸借対照表は，会計期間を1年間とすれば，その1年間における**財政状態**の変動結果を表示する。

資産・負債・純資産（資本）が，前年度と比較してどのように変動したのかを明らかにすることが目的である。資産・負債・純資産には，それぞれに勘定科目が属し，属している勘定科目を用いて，貸借対照表が表示される。

貸借対照表には，表示様式として勘定式と報告式があるが，学習においては勘定式によるものが理解しやすいため，以下ではそれを示すことにする。

ここで，貸借対照表を鳥瞰して，「講義2　仕訳」で学習した貸借平均の原理が成立していることが確認できる。

貸借対照表には，年度と日付が記載されているが，記されている年度と日付は，該当日の状態を意味する。会計期間（会計年度）の開始日を期首といい，終了日を期末という。

貸　借　対　照　表

神戸商店　　　　　平成×2年1月1日　　　　（単位：円）

資産の部	金　額	負債・純資産の部	金　額
現　　　　金	710,000	買　　掛　　金	100,000
売　　掛　　金	300,000	借　　入　　金	300,000
商　　　　品	40,000	資　　本　　金	730,000
備　　　　品	30,000		
建　　　　物	50,000		
	1,130,000		1,130,000

[2] 損益計算書の概要

　損益計算書は，貸借対照表と同様に，財務諸表のなかでも中心に位置付けられ，作成が義務付けられている。

　損益計算書は，会計期間を1年間とすれば，その1年間における**経営成績**の実績結果を表示する。1年間における実績がどのような結果であったかを明らかにすることが目的である。

　収益・費用には，それぞれに勘定科目が属し，属している勘定科目を用いて，損益計算書が表示される。損益計算書には，貸借対照表と同様に表示様式として勘定式と報告式があるが，学習においては勘定式によるものが理解しやすいため，以下ではそれを示すことにする。

　損益計算書には，年度と日付によって期間が記載されているが，記されている期間は，該当する会計期間を意味する。貸借平均の原理は，貸借対照表と同様に損益計算書でも成立する。

損　益　計　算　書
自平成×1年1月1日・至平成×1年12月31日

神戸商店　　　　　　　　　　　　　　　　　　（単位：円）

費用の部	金　額	収益の部	金　額
売 上 原 価	60,000	売　　上　　高	300,000
給　　　　料	180,000	受 取 手 数 料	200,000
水 道 光 熱 費	10,000		
旅 費 交 通 費	20,000		
当 期 純 利 益	230,000		
	500,000		500,000

[3] 貸借対照表と損益計算書の略図

　前項で，貸借対照表と損益計算書の簡易表が示されているが，仕訳をすることを所与にすれば，さらにそれらを略図にして，イメージに置き換えて認識する必要がある。略図は，以下のようになる。

　これは，勘定科目を表示せずに，資産・負債・純資産，および収益・費用の配置を図で表現したものである。

　簿記の仕訳の学習では，これらの略図は要となる。仕訳は，略図の配置を公準として，借方・貸方が定まるのである。

貸借対照表

（借　方）	（貸　方）
資　産	負　債
	純資産

（資産＝負債＋純資産）

損益計算書

（借　方）	（貸　方）
費　用	収　益
（当期）純利益	

（（当期）純利益＋費用＝収益，（当期）純利益＝収益－費用）

［4］資産・負債・純資産および収益・費用の概念

　貸借対照表と損益計算書で表示される資産・負債・純資産，および収益・費用は，日常で一般的に認識されている勘定科目以外に，固有の概念でしか捉えられない勘定科目があり複雑多岐にわたる。

　なぜ，この取引が資産なのかあるいは負債なのか，またなぜ収益なのか費用なのかを適切に判断できれば，仕訳で迷うことはない。これが，簿記の学習における乗り越えるべき大きな壁である。

　以下に，資産と負債，そして収益と費用について，一般的に判断できるものと固有の概念で捉えなければならない勘定科目をいくつか見てみよう。

資　産	（日常で一般的に判断できるもの） 　　　現金，建物，土地など （固有で概念的なもの） 　　　立替金（他人に代わって立て替えて支払っている）
負　債	（日常で一般的に判断できるもの） 　　　借入金（借金）など （固有で概念的なもの） 　　　前受金（代金を受け取ったが，まだ商品を渡していない）

収　益	（日常で一般的に判断できるもの） 　　　売上，受取手数料，受取利息など （固有で概念的なもの） 　　　有価証券評価益（保有している株や社債の時価が上がった）
費　用	（日常で一般的に判断できるもの） 　　　旅費交通費，支払家賃，給料など （固有で概念的なもの） 　　　貸倒引当金繰入（掛売りした商品代金のうち予想される回収不能額）

［5］貸借対照表の勘定科目体系

貸借対照表の資産・負債・純資産に属する勘定科目には次のようなものがあるが，個々の位置関係の理解が，仕訳の借方・貸方の判断を促してくれる。

（資　産）	（負　債）
現金	借入金
当座預金	買掛金
小口現金	前受金
売掛金（うりかけきん）	商品券
受取手形	支払手形
売買目的有価証券	手形借入金
繰越商品	当座借越
建物	未払金
備品	預り金
車両運搬具	仮受金
土地	前受収益
貸付金	未払費用
立替金	（純資産）
前払金	
他店商品券	
未収金	
手形貸付金	
仮払金	資本金
前払費用	
未収収益	
消耗品	

[6] 損益計算書の勘定科目体系

損益計算書の収益・費用に属する勘定科目には次のようなものがあるが，個々の位置関係の理解が，仕訳の借方・貸方の判断を促してくれる。

(費　用)	(収　益)
給料	売上
水道光熱費	有価証券利息
支払（手数料・保険料・利息）	受取配当金
支払（家賃・地代）	受取（手数料・保険料・利息）
消耗品費	受取（家賃・地代）
雑費	（固定資産・有価証券）売却益
仕入	有価証券評価益
売上原価	雑益
発送費	貸倒引当金戻入
（固定資産・有価証券）売却損	償却債権取立益
手形売却損	
旅費交通費	
通信費	
修繕費	
貸倒損失	
貸倒引当金繰入	
減価償却費	
有価証券評価損	
雑損	
租税公課	
(利　益)	
（当期）純利益	

[7] 財産法と損益法（当期純利益）

　当期純利益の計算は，損益計算書から計算するが，貸借対照表からも計算することができる。貸借対照表から計算する方法を**財産法**といい，損益計算書から計算する方法を**損益法**という。

　以下の貸借対照表と損益計算書を見れば，当期純利益の額が一致していることがわかる。決算日における貸借対照表には，当期純利益が表示される。しかし，次期に至ると，当期純利益の額は資本金に含めて表示する。

　本講［1］の貸借対照表の日付と資本金の額を確認してみよう。

貸　借　対　照　表

神戸商店　　　　平成×1年12月31日　　　　（単位：円）

資産の部	金　額	負債・純資産の部	金　額
現　　　　　金	710,000	買　　掛　　金	100,000
売　　掛　　金	300,000	借　　入　　金	300,000
商　　　　　品	40,000	資　　本　　金	500,000
備　　　　　品	30,000	当 期 純 利 益	230,000
建　　　　　物	50,000		
	1,130,000		1,130,000

損　益　計　算　書

自平成×1年1月1日・至平成×1年12月31日

神戸商店　　　　　　　　　　　　　　　　　（単位：円）

費用の部	金　額	収益の部	金　額
売　上　原　価	60,000	売　　　　　上	300,000
給　　　　　料	180,000	受 取 手 数 料	200,000
水 道 光 熱 費	10,000		
旅 費 交 通 費	20,000		
当 期 純 利 益	230,000		
	500,000		500,000

[8] 貸借対照表と損益計算書の連関

　貸借対照表と損益計算書の関係は，以下のように表すことができ，連結環の関係にある。当期期末（決算日）の当期純利益については，次期期首の純資産に反映される。

貸借対照表（期首：当期）

| 資　産 | 負　債 |
| | 純資産 |

貸借対照表（期首：次期）

| 資　産 | 負　債 |
| | 純資産 |

| 当期会計期間 | 次期会計期間　→ |

期首　　　　　　　　　　　　　期末　期首

損益計算書（決算日）

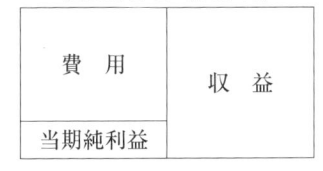

| 費　用 | 収　益 |
| 当期純利益 | |

貸借対照表（決算日）

資　産	負　債
	純資産
	当期純利益

（純資産＝期首，純資産＋当期純利益＝期末）

```
収　益－費　用＝当期純利益
期末純資産（資本）－期首純資産（資本）＝当期純利益
```

講義4
仕訳の原則

講義にあたって

　取引を仕訳するためには，仕訳の原則（貸借の理法）に従って行うことになる。仕訳の原則は，借方・貸方（左・右）という2面性をもって成立している。仕訳は，勘定科目を使って，取引を借方と貸方に区分して記帳（記録）すること他ならない。仕訳の原則を支えるものは，「講義3　貸借対照表・損益計算書」で学んだ貸借対照表と損益計算書の形式（略図）に見てとれる。

　仕訳の学習においては，貸借対照表に属する勘定科目（資産・負債・純資産）と損益計算書に属する勘定科目（収益・費用）を個々に認識することが要となる。その認識によって，借方・貸方の記入が判別できるようになる。

講義の要点

［1］　貸借対照表勘定科目の仕訳　　［5］　損益計算書勘定科目の仕訳
［2］　資産勘定の仕訳　　　　　　　［6］　収益勘定の仕訳
［3］　負債勘定の仕訳　　　　　　　［7］　費用勘定の仕訳
［4］　純資産勘定の仕訳　　　　　　［8］　取引の種類

学習する用語

交換取引／損益取引／混合取引

［1］貸借対照表勘定科目の仕訳

　貸借対照表に属する勘定科目の仕訳は，貸借対照表の略図（「講義3　貸借対照表・損益計算書」で学習）を鳥瞰すれば，仕訳において借方・貸方のどちらに記帳すればよいか判別できるようになる。貸借対照表の略図を眺めてみよう。

貸 借 対 照 表

(借　方)	(貸　方)
資　産	負　債
	純資産

　資産が借方（左）に位置し，負債と純資産が貸方（右）に位置している。まず，この位置関係が仕訳のすべてを左右することになる。

　ここで，資産の勘定科目が借方（左）にあることによって，仕訳が借方（左）にしかされないことを示すものではない。同様に，負債と純資産の勘定科目が，貸方（右）にあることによって，仕訳が貸方（右）にしかされないことを示すものではない。資産・負債・純資産の勘定科目のどれもが，仕訳は借方（左）・貸方（右）のどちらにも仕訳される。

　貸借対照表にある資産・負債・純資産の，最初の位置関係には意味がある。すなわち，次の意味を持っている。これからの仕訳の前提としよう。

> 資　産（勘定科目）：増加は借方(左)に，減少は貸方(右)に仕訳する。

> 負　債（勘定科目）：増加は貸方(右)に，減少は借方(左)に仕訳する。

> 純資産（勘定科目）：増加は貸方(右)に，減少は借方(左)に仕訳する。

［2］資産勘定の仕訳

資産の勘定科目を，個別に見ていこう。

資産の勘定科目が取引によって増加する場合は借方（左）に，そして減少は貸方（右）に仕訳することは，本講［1］で述べたとおりである。それでは，具体的に仕訳の様子を見てみよう。

何らかの取引によって，現金10,000円が増加した場合	
（借方）	（貸方）
（現　金）　10,000	（○×△）　10,000

上記の仕訳は，現金10,000円が増加したので，まず，現金という勘定は，資産の勘定科目であるため，前項にある貸借対照表の位置が借方（左）にある。よって，資産の勘定科目の増加は，借方（左）に，減少は貸方（右）に仕訳するという原則によって，借方（左）への仕訳となるのである。

もう1つ，資産の勘定科目が増加する場合の仕訳を見てみよう。

何らかの取引によって，土地100,000円が増加した場合	
（借方）	（貸方）
（土　地）　100,000	（○×△）　100,000

この仕訳においても，土地100,000円が増加したので，やはり借方（左）への仕訳となるのである。

それでは，資産の勘定科目が減少する場合の仕訳はどうなるかである。仕訳の原則に従うと，貸方（右）への仕訳となる。

何らかの取引によって，現金5,000円が減少した場合	
（借方）	（貸方）
（○×△）　5,000	（現　金）　5,000

資産の勘定科目における仕訳の原則は，増加は借方（左）に，減少は貸方（右）に仕訳することである。

[3] 負債勘定の仕訳

負債の勘定科目を,個別に見ていこう。

負債の勘定科目が取引によって増加する場合は貸方（右）に,そして減少は借方（左）に仕訳することは,本講［1］で述べたとおりである。それでは,次に具体的に仕訳の様子を見てみよう。

何らかの取引によって,借入金30,000円が増加した場合	
（借方）	（貸方）
（○×△）　30,000	（借入金）　30,000

上記の仕訳は,借入金30,000円が増加したので,借入金という勘定が負債の勘定科目であるため,貸借対照表の位置が貸方（右）にあることによって,負債の勘定科目の増加は貸方（右）に,減少は借方（左）に仕訳するという原則によって,貸方（右）への仕訳となるのである。

もう1つ,負債の勘定科目が増加する場合の仕訳を見てみよう。

何らかの取引によって,買掛金80,000円が増加した場合	
（借方）	（貸方）
（○×△）　80,000	（買掛金）　80,000

この仕訳においても,買掛金80,000円が増加したので,やはり貸方（右）への仕訳となるのである。

それでは,負債の勘定科目が減少する場合の仕訳はどうなるかである。仕訳の原則に従うと,借方（左）への仕訳となる。

何らかの取引によって,借入金20,000円が減少した場合	
（借方）	（貸方）
（借入金）　20,000	（○×△）　20,000

負債の勘定科目における仕訳の原則は,増加は貸方（右）に,減少は借方（左）に仕訳することである。

［4］純資産勘定の仕訳

純資産の勘定科目を，個別に見ていこう。

純資産の勘定科目が取引によって増加する場合は貸方（右）に，そして減少は借方（左）に仕訳することは，負債の勘定科目と同様に本講［1］のとおりである。

それでは，次に具体的に仕訳の様子を見てみよう。

何らかの取引によって，資本金200,000円が増加した場合	
（借方）	（貸方）
（○×△）　200,000	（資本金）　200,000

上記の仕訳は，資本金200,000円が増加したので，資本金という勘定が純資産の勘定科目であるため，貸借対照表の位置が貸方（右）にあることによって，純資産の勘定科目の増加は貸方（右）に，減少は借方（左）に仕訳するという原則によって，貸方（右）への仕訳となるのである。

それでは，純資産の勘定科目が減少する場合の仕訳はどうなるかである。仕訳の原則に従うと，借方（左）への仕訳となる。

何らかの取引によって，資本金40,000円が減少した場合	
（借方）	（貸方）
（資本金）　40,000	（○×△）　40,000

純資産の勘定科目における仕訳の原則は，増加は貸方（右）に，減少は借方（左）に仕訳することである。

［5］損益計算書勘定科目の仕訳

　損益計算書に属する勘定科目の仕訳は，損益計算書の略図（「講義3　貸借対照表・損益計算書」で学習）を鳥瞰すれば，仕訳において借方・貸方のどちらに記帳すればよいか判別できるようになる。もう一度，損益計算書の略図を眺めてみよう。

損　益　計　算　書

（借　方）	（貸　方）
費　用	収　益
（当期）純利益	

　収益が貸方（右）に位置し，費用が借方（左）に位置している。まず，この位置関係が仕訳のすべてを左右することになる。

　ここで，収益の勘定科目が貸方（右）にあることによって，仕訳が貸方（右）にしかされないことを示すものではない。同様に，費用の勘定科目が，借方（左）にあることによって，仕訳が借方（左）にしかされないことを示すものではない。収益・費用の勘定科目のどれもが，仕訳は借方（左）・貸方（右）のどちらにも仕訳される。

　損益計算書にある収益・費用の，最初の位置関係には意味がある。すなわち，次の意味を持っている。これからの仕訳の前提としよう。

> 収　益（勘定科目）：増加は貸方(右)に，減少は借方(左)に仕訳する。

> 費　用（勘定科目）：増加は借方(左)に，減少は貸方(右)に仕訳する。

[6] 収益勘定の仕訳

収益の勘定科目を，個別に見ていこう。

収益の勘定科目が取引によって増加する場合は貸方（右）に，そして減少は借方（左）に仕訳することは，本講［5］のとおりである。それでは，次に具体的に仕訳の様子を見てみよう。

何らかの取引によって，手数料40,000円が増加した場合	
（借方）	（貸方）
（○×△）　40,000	（受取手数料）　40,000

上記の仕訳は，受取手数料40,000円が増加したので，まず，受取手数料という勘定は，収益の勘定科目であるため，本講［5］にある損益計算書の位置が貸方（右）にある。よって，収益の勘定科目の増加は，貸方（右）に，減少は借方（左）に仕訳するという原則によって，貸方（右）への仕訳となるのである。さらに，もう1つ，収益の勘定科目が増加する場合の仕訳を見てみよう。

何らかの取引によって，売上げ70,000円が増加した場合	
（借方）	（貸方）
（○×△）　70,000	（売　上）　70,000

この仕訳においても，売上70,000円が増加したので，やはり貸方（右）への仕訳となるのである。

それでは，収益の勘定科目が減少する場合の仕訳はどうなるかである。仕訳の原則に従うと，借方（左）への仕訳となる。

何らかの取引によって，売上げ3,000円が減少した場合	
（借方）	（貸方）
（売　上）　3,000	（○×△）　3,000

収益の勘定科目における仕訳の原則は，増加は貸方（右）に，減少は借方（左）に仕訳することである。

[7] 費用勘定の仕訳

　費用の勘定科目を，個別に見ていこう。
　費用の勘定科目が取引によって増加する場合は借方（左）に，そして減少は貸方（右）に仕訳することは，本講［5］のとおりである。それでは，次に具体的に仕訳の様子を見てみよう。

何らかの取引によって，交通費6,000円が増加した場合	
（借方）	（貸方）
（旅費交通費）　6,000	（○×△）　6,000

　上記の仕訳は，交通費6,000円が増加したので，まず，旅費交通費という勘定は，費用の勘定科目であるため，本講［5］にある損益計算書の位置が借方（左）にある。よって，費用の勘定科目の増加は，借方（左）に，減少は貸方（右）に仕訳するという原則によって，借方（左）への仕訳となるのである。
　さらに，もう1つ，費用の勘定科目が増加する場合の仕訳を見てみよう。

何らかの取引によって，賃借料9,000円が増加した場合	
（借方）	（貸方）
（支払家賃）　9,000	（○×△）　9,000

　この仕訳においても，賃借料9,000円が増加したので，やはり借方（左）への仕訳となるのである。
　それでは，費用の勘定科目が減少する場合の仕訳はどうなるかである。仕訳の原則に従うと，貸方（右）への仕訳となる。

何らかの取引によって，賃借料2,000円が減少した場合	
（借方）	（貸方）
（○×△）　2,000	（支払家賃）　2,000

　費用の勘定科目における仕訳の原則は，増加は借方（左）に，減少は貸方（右）に仕訳することである。

[8] 取引の種類

　ここでは，仕訳における借方（左）・貸方（右）における，勘定の組み合わせを見てみよう。仕訳は，資産・負債・純資産および収益・費用の個々の勘定が組み合わされる。その組み合わせによって，取引を3つに分類できる。

　1つは，借方（左）と貸方（右）への仕訳において，資産・負債・純資産のいずれかの勘定しか使用しない交換取引がある。

　2つ目は，借方（左）と貸方（右）への仕訳において，どちらかに収益あるいは費用の勘定が使用される損益取引がある。

　3つ目は，借方（左）と貸方（右）への仕訳において，**交換取引**と**損益取引**のどちらもが混在する**混合取引**がある。

（交換取引）	
現金90,000円を銀行より借り入れた。	
（借方）	（貸方）
（現　　金）90,000	（借 入 金）90,000

（損益取引）	
交通費3,000円を現金で支払った。	
（借方）	（貸方）
（旅費交通費）3,000	（現　　金）3,000

（混合取引）	
借入金90,000円を利息10,000円とともに現金で支払った。	
（借方）	（貸方）
（借 入 金）90,000 （支払利息）10,000	（現　　金）100,000

講義5

仕訳と勘定口座

講義にあたって

　取引の仕訳は，何らかの取引があれば，それを順番（日付ごと）に記帳していくことになる。取引の数が多ければ多いほど，記帳の数も増えていく。

　たとえば，現金がいくら増加したのか，また減少したのか，そして，それが記帳の上での残高と一致するのかを判断をするためには，すべての現金勘定を使用した仕訳を順番に確認にしなければならない。このような作業は，非常に時間が掛かる。煩雑な作業や時間を軽減させるために，現金勘定について，別途に増加と減少を記帳しておけばよいのではないだろうか。

　簿記では当然，この作業を行っている。仕訳をすると，使用した勘定ごとに増加と減少を記帳することを，転記という。そして，個々の勘定を個別に転記するための場所を勘定口座という。簿記の学習にあたって，仕訳を勘定口座へ転記し，借方・貸方の増減を把握することに慣れると，理解は格段に向上する。

講義の要点

[1]　仕訳の記帳　　　　[3]　勘定口座への転記
[2]　転記の原則

学習する用語

勘定口座

［１］ 仕訳の記帳

取引が発生すると，仕訳を行い順番に記帳する。

仕訳の記帳は，仕訳帳へ行うことになるが，仕訳帳の具体的な事例については，「講義22　決算」で学習する。

以下の取引を仕訳して，順に記帳してみよう。

取　　引

1）現金500,000円を元入れして，会社を設立した。
2）銀行より現金300,000円を借り入れた。
3）商品100,000円を仕入れ，代金は掛けとした。
4）仕入れた商品60,000円分を300,000円で売り上げ，代金は掛とした。
5）備品（机やイス）30,000円を現金で購入した。
6）建物50,000円を現金で購入した。
7）事務所の水道光熱費10,000円を現金で支払った。
8）従業員の給料180,000円を現金で支払った。
9）仲介の手数料として200,000円を現金で受け取った。
10）移動に必要な旅費交通費20,000円を現金で支払った。

仕訳帳への記入

（現　　　　金）　500,000	（資　本　金）　500,000
（現　　　　金）　300,000	（借　入　金）　300,000
（仕　　　　入）費用 100,000	（買　掛　金）負債 100,000
（売　掛　金）資産 300,000	（売　　　　上）収益 300,000
（備　　　　品）　 30,000	（現　　　　金）　 30,000
（建　　　　物）　 50,000	（現　　　　金）　 50,000
（水道光熱費）　 10,000	（現　　　　金）　 10,000
（給　　　　料）　180,000	（現　　　　金）　180,000
（現　　　　金）　200,000	（受取手数料）　200,000
（旅費交通費）　 20,000	（現　　　　金）　 20,000

※売掛金の左に手書きで「あとでまとめて払ってもらう」と注記あり

[2] 転記の原則

　記帳した仕訳を，個別の勘定ごとに転記するには，勘定別に転記する場所が必要となる。その転記をするための場所を**勘定口座**という。

　勘定口座は，その勘定が属する科目によって増加・減少の転記が異なる。増加・減少の転記は，「講義4　仕訳の原則」で学んだことを踏まえればよい。再度，増加・減少の転記における原則を確認しておこう。

> 資　産（勘定科目）：増加は借方(左)に，減少は貸方(右)に仕訳する。
> 負　債（勘定科目）：増加は貸方(右)に，減少は借方(左)に仕訳する。
> 純資産（勘定科目）：増加は貸方(右)に，減少は借方(左)に仕訳する。

> 収　益（勘定科目）：増加は貸方(右)に，減少は借方(左)に仕訳する。
> 費　用（勘定科目）：増加は借方(左)に，減少は貸方(右)に仕訳する。

資産の勘定科目		負債の勘定科目	
増　加	減　少	減　少	増　加

		純資産の勘定科目	
		減　少	増　加

費用の勘定科目		収益の勘定科目	
増　加	減　少	減　少	増　加

[3] 勘定口座への転記

［1］の仕訳（仕訳帳）による勘定口座へ転記（金額のみの記入）すると次のようになる。

（貸借対照表の勘定科目）

現　金		買掛金	
500,000	30,000		100,000
300,000	50,000		
200,000	10,000		
	180,000		
	20,000		

売掛金		借入金	
300,000			300,000

備　品		資本金	
30,000			500,000

建　物	
50,000	

（損益計算書の勘定科目）

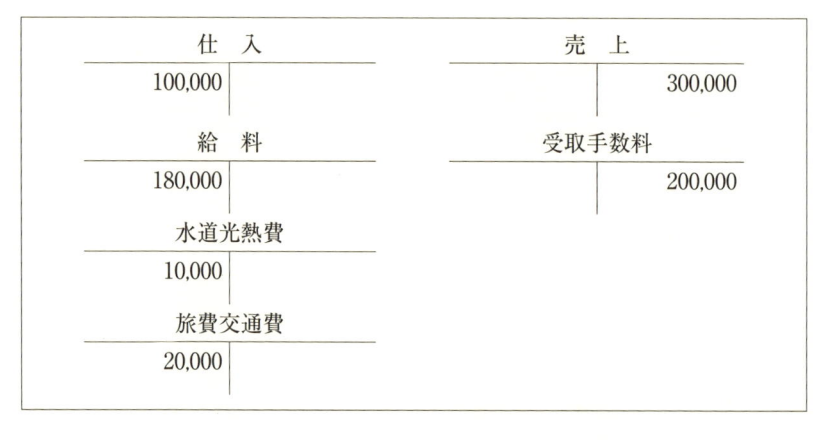

仕　入		売　上	
100,000			300,000

給　料		受取手数料	
180,000			200,000

水道光熱費	
10,000	

旅費交通費	
20,000	

講義6

現金・当座預金

講義にあたって

　現金勘定というと，通貨（紙幣や硬貨）を思い描くであろうが，簿記では通貨の他に，通貨代用証券などが含まれる。通貨代用証券は，金融機関などですぐに通貨に交換することができるからである。交換の容易性と迅速性によって，通貨と変わらないと認識するからである。

　当座預金勘定は，金融機関で当座預金口座を開設し，その口座を通じて取引を行った場合に記帳される。当座預金の利点は，現金を持ち歩くことなく取引が容易に行えることにある。現金のみの取引で生じる弊害の払拭と，円滑な取引を行うことが狙いである。

講義の要点

[1] 現金勘定の対象となるもの　　[4] 当座預金勘定の仕訳
[2] 現金勘定の仕訳　　　　　　　[5] 当座預金口座の借越しの仕訳
[3] 当座預金勘定を使用する取引　[6] 当座預金勘定と当座借越勘定

学習する用語と勘定

用語：小切手・郵便為替証書・配当金領収書・支払期日到来公社債利札
勘定：現金勘定・当座預金勘定・当座借越勘定・当座勘定

［1］現金勘定の対象となるもの

現金勘定で記帳するものとして，通貨（紙幣や硬貨）の他に，通貨代用証券がある。

通貨代用証券は，金融機関などで呈示すれば，すぐに現金（通貨）を受け取ることができる。換金の容易性から，実態が現金と変わらないため，**現金勘定**で記帳する。現金勘定で記帳するものとして，現金の他に，**小切手**，**配当金領収書**，**郵便為替証書**，**支払期日到来公社債利札**がある。

現　金
通貨（紙幣・硬貨）のことをいう。

小 切 手
振出人（他人かつ支払人）から受け取った小切手をいう。他人振出しの小切手は，金融機関で現金に交換することができる。

配当金領収書
株式を保有する場合に，その会社から送られてくる配当金の支払通知書をいう。配当金領収書に記載の金額を，金融機関で現金に交換することができる。

郵便為替証書
郵便局などで扱っており，送金手段に利用される証券をいう。受け取った郵便為替証書は，金融機関で現金に交換することができる。

支払期日到来公社債利札
公債（国債・地方債）・社債などの利札のうち，支払期日が到来したものをいう。支払い期日の到来した利札は，金融機関で現金に交換することができる。

［2］現金勘定の仕訳

現金勘定は，資産に属する勘定科目であるため，増加する場合は借方へ仕訳し，減少する場合は貸方へ仕訳する。

設例6-1

1) 現金100,000円を元入れして，会社を設立した。
   (現　　　金)　100,000　　(資　本　金)　100,000
2) 商品50,000円を売り上げ，代金は他人振出しの小切手で受け取った。
   (現　　　金)　 50,000　　(売　　　上)　 50,000
3) 仲介手数料の代金として，30,000円の郵便為替証書を受け取った。
   (現　　　金)　 30,000　　(受取手数料)　 30,000
4) 保有する株式により，配当金領収書20,000円を受け取った。
   (現　　　金)　 20,000　　(受取配当金)　 20,000
5) 保有している社債の利札10,000円の支払期日が到来した。
   (現　　　金)　 10,000　　(有価証券利息)　10,000
6) 水道光熱費15,000円を，現金で支払った。
   (水道光熱費)　 15,000　　(現　　　金)　 15,000

設例6-1による現金勘定の勘定口座への転記は，次のようになる。

現金の増加は，210,000円であり，減少は15,000円となる。

現　金	
100,000	15,000
50,000	
30,000	
20,000	
10,000	

［3］当座預金勘定を使用する取引

当座預金は，銀行と契約を結び，口座を開設することで使用可能となる。当座預金口座への，預け入れと引出しは自由にできる。

しかし，引出しの場合は小切手を使用することが特徴である。当座預金口座を開設すると，小切手帳を受け取る。小切手に代金を書き込み，代金の決済に使用する。

当座預金勘定で記帳する取引として，以下の4つを理解しよう。

当座預金口座への現金の預け入れ
当座預金が増加する

自己の支払いのための小切手の振出し
当座預金が減少する

他人振出しの小切手を受け取り，当座預金口座へ預け入れる
当座預金が増加する

自己振出し（自己の支払いのために振り出した小切手）の小切手を受け取る
当座預金の減少がなくなる

No.831		No.831　　小　切　手
平成××年4月25日		支払地　福岡市博多区△△3丁目
金額 ¥ 百万 千 円 10000		株式会社 九州銀行○○支店　御中
渡先　長崎商店		（金額）　　¥I0,000※
		上記の金額をこの小切手と引き替えに持参人へお支払いください。
摘要　商品仕入代		振出日　　平成××年4月25日
		振出地　福岡市博多区　　振出人　博多商店 博多太郎

［4］当座預金勘定の仕訳

　当座預金勘定は，資産に属する勘定科目であるため，増加する場合は借方へ仕訳し，減少する場合は貸方へ仕訳する。

設例6-2

1) 当座預金口座へ，現金200,000円を預け入れた。
　　（当　座　預　金）　200,000　　（現　　　　金）　200,000
2) 商品50,000円を仕入れ，代金は小切手を振り出して支払った。
　　（仕　　　　入）　50,000　　（当　座　預　金）　50,000
3) 商品80,000円を売り上げ，代金は他人振出しの小切手で受け取り，直ちに当座預金口座に預け入れた。　　　↳現金
　　↳（当　座　預　金）　80,000　　（売　　　　上）　80,000
4) 売掛金30,000円の回収として，かねてより他に振り出していた自己振出しの小切手で受け取った。
　　（当　座　預　金）　30,000　　（売　　掛　　金）　30,000

　設例6-2による当座預金勘定の勘定口座への転記は，次のようになる。
　当座預金の増加は，310,000円であり，減少は50,000円となる。

当座預金	
200,000	50,000
80,000	
30,000	

小切手 ＜ 自分が振出した…当座預金
　　　　　他人が　〃　　　…現金

［5］当座預金口座の借越しの仕訳

　当座預金口座に残高がない状況で小切手を振り出し，取引相手に渡してしまった場合，取引相手は金融機関で，現金化を拒絶されることになる。この拒絶されることを不渡りという。

　不測の状況に備え，回避する手段として，あらかじめ金融機関と契約することによって，当座預金口座に残高がなくてもある限度額まで，金融機関が一時的に立替払いをしてくれる。これを当座借越という。当然，後に返済義務が生じる。**当座借越勘定**は借入れを意味し，負債として認識する。

設例6-3

1） 4月2日，商品50,000円を仕入れ，代金は小切手を振り出して支払った。なお，当座預金口座の4月1日現在の残高は，20,000円である。

　　（仕　　入）50,000　　（当座預金）20,000　→ 資産の減少
　　　　　　　　　　　　　（当座借越）30,000　→ 負債の増加

2） 4月3日，さらに，商品10,000円を仕入れ，代金は小切手を振り出して支払った。なお，当座預金口座の残高は，現在0円となっている。

　　（仕　　入）10,000　　（当座借越）10,000
　　※1），2）の2つの取引により，当座借越は40,000円となる。

3） 4月4日，商品100,000円を売上げ，代金は全額を他人振出しの小切手で受け取り，ただちに当座預金に預け入れた。

　　（当座借越）40,000　←　（売　　上）100,000
　　（当座預金）60,000　　　└ 負債の減少
　　※当座借越40,000円の全額が返済され，当座預金口座の残高は60,000円となる。

[6] 当座預金勘定と当座借越勘定

設例6-3による当座預金勘定の勘定口座への転記は，次のようになる。

当座預金			当座借越			
（残高4/1）20,000	4/2	20,000	4/4	40,000	4/2	30,000
4/4　60,000					4/3	10,000

　当座借越の場合，当座預金勘定と当座借越勘定の2つを使って記帳しなければならず，煩雑さが増すため記帳を簡略化するために，当座預金勘定と当座借越勘定の2つを，1つの**当座勘定**に統一して記帳する方法がある

　設例6-3による当座勘定の仕訳と勘定口座への転記は，次のようになる。

（仕　　入）	50,000	（当　　座）	50,000
（仕　　入）	10,000	（当　　座）	10,000
（当　　座）	100,000	（売　　上）	100,000

当　座			
（残高4/1）20,000	4/2	50,000	
4/4　100,000	4/3	10,000	

講義7

商品売買

講義にあたって

　商品を売買するためには，商品を仕入れる取引と，商品を販売する取引が必要である。商品の仕入れと販売における取引の記帳にはいくつかの方法がある。分記法や総記法，売上原価対立法，3分法，5分法などがあるが，なかでも3分法が最も一般的である。簿記の学習では通常，3分法を学ぶ。

　商品の仕入れでは，一旦，商品を仕入れたが返品したり，値引きを受けたりすることがある。商品の販売では，一旦，商品を販売したが返品されたり，値引きを行ったりすることがある。商品の仕入れにおける返品と値引き，そして商品の販売における返品と値引きは，その都度，記帳する。商品売買は，仕入れる側と販売する側の，双方の立場で理解する必要がある。

講義の要点

［1］　3分法　　　　　　　［4］　商品販売の記帳
［2］　商品仕入れの記帳　　［5］　商品販売の返品と値引きの記帳
［3］　商品仕入れの返品と値引きの記帳

学習する用語と勘定

　　用語：3分法・仕入返品・仕入値引・売上返品・売上値引
　　勘定：繰越商品勘定・仕入勘定・売上勘定

[1] 3分法

商品売買の記帳では，分記法や総記法，売上原価対立法，3分法，5分法などがあるが，3分法が最も一般的である。

3分法における商品売買の記帳は，**繰越商品勘定，仕入勘定，売上勘定**の3つを使用する。

繰越商品勘定
期末在庫の金額が，次期期首の繰越商品として記される。

仕入勘定
仕入れの都度に記帳され，当期に仕入れた商品の総仕入高が記される。

売上勘定
売上げの都度に記帳され，当期に売り上げた商品の総売上高が記される。

設例7-1

1) 商品30,000円を仕入れ，代金は現金で支払った。
　　費用（仕　　入）30,000　　（現　　金）30,000
2) 商品20,000円分を25,000円で売り上げ，代金は現金で受け取った。
　　　（現　　金）25,000　　（売　　上）25,000　収益

[2] 商品仕入れの記帳

商品の仕入れは，その都度に仕入勘定で記帳する。仕入勘定は，費用に属する勘定科目であるため，仕入れの増加は借方に記帳する。

設例7-2

1) 商品50,000円を仕入れ，代金は現金で支払った。
   （仕　　入）50,000　（現　　金）50,000
2) 商品30,000円を仕入れ，代金は小切手を振り出して支払った。
   （仕　　入）30,000　（当 座 預 金）30,000
3) 商品40,000円を仕入れ，代金は掛けとした。
   （仕　　入）40,000　（買　掛　金）40,000
4) 商品80,000円を仕入れ，30,000円は現金で支払い，残額は掛けとした。
   （仕　　入）80,000　｛（現　　金）30,000
   　　　　　　　　　　　（買　掛　金）50,000

設例7-2による仕入勘定の勘定口座への転記は，次のようになる。

借方に仕訳すれば，その仕訳した金額は借方に記される。商品の総仕入高は，仕入勘定の借方金額の合計となる。総仕入高は，200,000円と計算できる。

```
              仕    入
       現金    50,000
     当座預金   30,000
      買掛金   40,000
       諸口    80,000
```

［3］商品仕入れの返品と値引きの記帳

商品の仕入取引においては，商品の**仕入返品**や**仕入値引き**などが伴うことがある。

返品とは，数量違いや品違いによって，取引相手（売主）へ返却することをいい，値引とは，品質劣化・不良や破損・汚損などにより，仕入代金から差し引きを受けることをいう。

仕入れにおける返品は，仕入勘定の減少となるため，貸方に記帳する。同様に，値引きについても，仕入勘定の減少となるため，貸方に記帳する。

設例7-3

1）4月1日，商品50,000円を仕入れ，代金は掛けとした。
　　　（仕　　　入）50,000　　（買　掛　金）50,000
2）4月2日，4月1日に仕入れた商品のうち，10,000円分を返品した。
　　　（買　掛　金）10,000　　（仕　　　入）10,000
3）4月3日，4月1日に仕入れた商品から5,000円の値引きを受けた。
　　　（買　掛　金）5,000　　（仕　　　入）5,000

設例7-3による仕入勘定の勘定口座への転記は，次のようになる。

借方に仕訳すれば，その仕訳した金額は借方に記される。貸方に仕訳すれば，その仕訳した金額は貸方に記される。商品の総仕入高は50,000円となる。また，仕入の返品と値引きの合計は15,000円となる。

仕　入	
50,000	10,000
	5,000

[4] 商品販売の記帳

　商品の販売は，その都度に売上勘定で記帳する。売上勘定は収益に属する勘定科目であるため，売上の増加は貸方に記帳する。

> **設例7-4**
> 1) 商品70,000円を売り上げ，代金は現金で受け取った。
> 　　　（現　　　金）　70,000　　（売　　　上）　70,000　収益
> 2) 商品20,000円を売り上げ，代金は他人振出しの小切手で受け取った。
> 　　　（現　　　金）　20,000　　（売　　　上）　20,000
> 3) 商品30,000円を売り上げ，代金は掛けとした。
> 　　　（売　掛　金）　30,000　　（売　　　上）　30,000
> 4) 商品40,000円を売り上げ，10,000円は現金で受け取り，残額は掛けとした。
> 　　　（現　　　金）　10,000　　（売　　　上）　40,000
> 　　　（売　掛　金）　30,000

　設例7-4による売上勘定の勘定口座への転記は，次のようになる。

　貸方に仕訳すれば，その仕訳した金額は貸方に記される。商品の総売上高は，売上勘定の貸方金額の合計となる。総売上高は，160,000円と計算できる。

売　上
70,000
20,000
30,000
40,000

［5］商品販売の返品と値引きの記帳

商品の販売取引においては，商品の**売上返品**や**売上値引き**などが発生することがある。

返品とは，数量違いや品違いによって，取引相手（買主）から返却されることをいい，値引とは，品質劣化・不良や破損・汚損などにより，売上代金から差し引きを与えることをいう。

販売における返品は，売上勘定の減少となるため，借方に記帳する。同様に，値引きについても，売上勘定の減少となるため，借方に記帳する。

設例7-5

1) 4月1日，商品80,000円を売り上げ，代金は掛けとした。
　　（売　掛　金）　80,000　　（売　　　上）　80,000
2) 4月2日，4月1日に売り上げた商品のうち，20,000円分が返品された。
　　（売　　　上）　20,000　　（売　掛　金）　20,000
3) 4月3日，4月1日に売り上げた商品から，3,000円の値引きをした。
　　（売　　　上）　 3,000　　（売　掛　金）　 3,000

設例7-5による売上勘定の勘定口座への転記は，次のようになる。

貸方に仕訳すれば，その仕訳した金額は貸方に記される。借方に仕訳すれば，その仕訳した金額は借方に記される。商品の総売上高は80,000円となる。また，売上の返品と値引きの合計は23,000円となる。

売　上	
20,000	80,000
3,000	

講義8

商品売買の付帯取引

講義にあたって

　商品の仕入れと販売にあたっては，商品の代価の取引だけで完結することはなく，通常，運搬費や保険料，関税などが必要である。簿記の学習においては，このような費用を諸掛費という。諸掛費は，仕入諸掛費と売上諸掛費に区分して認識しなければならない。

　さらに，商品売買では，商品の受け渡しの前に，売買契約のもとに手付金（内金）を授受することがある。商品売買における代金の確定や，授受における決済の多様性を理解しなければならない。

講義の要点

[１]　仕入諸掛費（引取費）の記帳　　[４]　前払金勘定の記帳
[２]　売上諸掛費（発送費）の記帳　　[５]　前受金勘定の記帳
[３]　売上諸掛費の立替えの記帳

学習する用語と勘定

　用語：仕入諸掛費（引取費）・仕入原価・売上諸掛費（発送費）
　勘定：発送費勘定・立替金勘定・前払金勘定・前受金勘定

[1] 仕入諸掛費(引取費)の記帳

　商品の仕入れにおいては，仕入側（買主）が手許へ引き取るために，運送費や保険料，関税などの費用が必要となる場合がある。仕入れに関して発生した費用を**仕入諸掛費**という。

　そのなかで，引取費（引取運賃）が，簿記の学習では代表的である。引取費は，商品の代価ではないが，仕入れに必要な費用であるため，商品の**仕入原価**に含めて記帳する。

設例8-1

1）商品60,000円を仕入れ，代金は掛としたが，引取費2,000円は現金で支払った。
　（仕　　入）　62,000　　（買　掛　金）　60,000
　　　　　　　　　　　　　（現　　　金）　 2,000

2）商品30,000円を仕入れ，代金は小切手を振り出したが，引取費1,000円は現金で支払った。
　（仕　　入）　31,000　　（当 座 預 金）　30,000
　＝購入代価＋付随費用
　　　　　　　　　　　　　（現　　　金）　 1,000

※商品の仕入原価は，次の式を原則とする。
　　仕入原価＝商品代価＋仕入諸掛費

> 商品の仕入れには仕入諸掛費（引取運賃，関税など）が別途，掛かる。
> 　⇒　支払代金がその分高くなる。

［2］売上諸掛費（発送費）の記帳

　商品の販売においては，商品を取引相手（買主）の手許へ届けるために，運送費や保険料，荷造費などの費用が必要となる場合がある。販売に関して発生する費用を**売上諸掛費**という。

　そのなかで，発送費（発送運賃）が，簿記の学習では代表的である。発送費は，販売側（売主）からすると，商品を販売するために必要な経費として認識し，**発送費勘定**で記帳する。

設例8-2

1）商品40,000円を売り上げ，代金は掛としたが，発送費3,000円（当方負担）は現金で支払った。

（売　掛　金）　40,000　　（売　　　上）　40,000
（発　送　費）　　3,000　　（現　　　金）　　3,000　　＊費用の増加

2）商品50,000円を売り上げ，代金は他人振出しの小切手で受け取り，直ちに当座預金に預け入れたが，発送費2,000円（当方負担）は現金で支払った。

（当　座　預　金）　50,000　　（売　　　上）　50,000
（発　送　費）　　2,000　　（現　　　金）　　2,000

> 商品を販売するのに売上諸掛費（発送費，荷造費など）が別途，掛かる。
> ⟹　利益がその分だけ減る。

[3] 売上諸掛費の立替えの記帳

　商品の販売側（売主）が，取引相手（買主）が負担すべき発送費を便宜上，立て替えて支払う場合がある。これは，販売側（売主）にとっては，返済を後に請求することができる立替えとなり，仕入側（買主）にとっては，後に返済すべき借入れとなる。

　立替えにおける記帳は，**立替金勘定**で記帳する場合と売掛金勘定に含めて記帳する場合がある。

設例8−3

1）商品100,000円を売り上げ，代金は掛としたが，発送費8,000円（先方負担）は現金で立替払いした。

【立替金勘定を使用する場合】

　　（売　掛　金）　100,000　　（売　　　上）　100,000
　　（立　替　金）　　8,000　　（現　　　金）　　8,000

【立替金勘定を使用しない場合】※売掛金勘定に含めて計算する

　　（売　掛　金）　108,000　　（売　　　上）　100,000
　　　　　　　　　　　　　　　（現　　　金）　　8,000

＜例：仕入側（買主）＞

　　（仕　　　入）　108,000　　（買　掛　金）　108,000

＊設例8−3による売掛金勘定と立替金勘定の勘定口座への転記。

【立替金勘定を使用する場合】

売掛金		立替金	
100,000		8,000	

[4] 前払金勘定の記帳

　商品の仕入契約において，商品の授受を行うに先立って，契約に確定性を与えるために，前もって手付金（内金）を支払うことがある。前もって支払った手付金は，**前払金勘定**で記帳する。前払金は，後の商品引受け時には，仕入れ代金から差し引き，支払いを免れる。

設例8-4

1) 4月1日，商品200,000円の仕入契約を結び，内金として40,000円を現金で前もって支払った。

　　（前　払　金）　40,000　　　（現　　　金）　40,000

2) 4月5日，先の仕入契約にもとづき，商品200,000円の引受けを行い，内金を差し引いた残額の160,000円を現金で支払った

　　（仕　　　入）　200,000　　（前　払　金）　40,000
　　　　　　　　　　　　　　　　（現　　　金）　160,000

＊設例8-4による前払金勘定の勘定口座への転記。

■1) の仕訳による場合（権利の発生）

　　　　　　　　　前払金
　　　4/1　　40,000 |

■2) の仕訳による場合（権利の消滅）

　　　　　　　　　前払金
　　　4/1　　40,000 | 4/5　　40,000

[5] 前受金勘定の記帳

　商品の販売契約において，商品の授受を行うに先立って，契約に確定性を確保するために，あらかじめ手付金（内金）を受け取ることがある。

　前もって受け取った手付金は，**前受金勘定**で記帳する。前受金は，後の商品引渡し時には，販売代金から差し引かれ，請求する権利を失う。

設例 8−5

1) 4月1日，商品200,000円の販売契約を結び，内金として40,000円を現金で前もって受け取った。 負債の増加 ← 商品を相手に引き渡す義務を負っている

　　（現　　　金）　40,000　　　（前　受　金）　40,000

2) 4月5日，先の販売契約にもとづき，商品200,000円の引渡しを行い，内金を差し引いた残額の160,000円を現金で受け取った。

　　（前　受　金）　40,000　　　（売　　　上）　200,000
　　（現　　　金）　160,000

＊設例8−5による前受金勘定の勘定口座への転記。

■1）の仕訳による場合（義務の発生）

```
           前受金
                  │ 4/1    40,000
```

■2）の仕訳による場合（義務の消滅）

```
           前受金
 4/5  40,000  │ 4/1    40,000
```

講義9

売掛金・買掛金その他の債権・債務

講義にあたって

　商品売買において，代金の決済を後日に行うことを約束の上，取引が成立することは，日常でも一般的である。また，商品売買以外の取引でも，それは成立する。商品あるいはそれ以外の物品の取引も，その場での現金の授受を前提にした商慣習では，円滑な取引が行えない。代金の後日払いは，重要な制度として今日では成立している。代金の後日払いの制度は，その取引が発生した時点で，何らかの証票（証拠書類）を交わし，契約行為として確定しておかなければならない。単なる口約束では，後日の権利行使の正当性を立証する根拠にはならない。

講義の要点

［1］　売掛金勘定の記帳
［2］　買掛金勘定の記帳
［3］　未収金勘定・未払金勘定の記帳
［4］　立替金勘定・預り金勘定の記帳
［5］　仮払金勘定・仮受金勘定の記帳
［6］　貸付金勘定・借入金勘定の記帳
［7］　手形貸付金勘定・手形借入金勘定の記帳
［8］　商品券・他店商品券の記帳

学習する用語と勘定

　用語：掛け取引
　勘定：売掛金勘定・買掛金勘定・未収金勘定・未払金勘定・立替金勘定・預り金勘定・仮払金勘定・仮受金勘定・貸付金勘定・借入金勘定・手形貸付金勘定・手形借入金勘定・商品券勘定・他店商品券勘定

[1] 売掛金勘定の記帳

　商品の販売において，商品代金の決済を，後日に行うことを約束した取引として**掛け取引**がある。商品の販売代金を，掛け取引した場合は，**売掛金勘定**で記帳する。

> **設例9-1**
> 1) 7月1日，商品50,000円を売り上げ，代金は掛けとした。
> 　　（売　掛　金）50,000　　（売　　　上）50,000
> 2) 7月2日，商品80,000円を売り上げ，代金のうち20,000円を現金で受け取り，残額は掛けとした。
> 　　（売　掛　金）60,000　　（売　　　上）80,000
> 　　（現　　　金）20,000
> 3) 7月6日，売掛金の残高110,000円のうち，50,000円を現金で回収した。
> 　　（現　　　金）50,000　　（売　掛　金）50,000　資産の減少
> 4) 7月9日，売掛金の残高60,000円のうち，30,000円を他人振出しの小切手で回収した。
> 　　（現　　　金）30,000　　（売　掛　金）30,000

　設例9-1による売掛金勘定の勘定口座への転記は，次のようになる。売掛金残高は，30,000円となる。

売掛金

7/1	50,000	7/6	50,000
7/2	60,000	7/9	30,000

[2] 買掛金勘定の記帳

　商品の仕入れにおいて，商品代金の決済を，後日に行うことを約束した取引として掛け取引がある。

　商品の仕入代金を，掛け取引した場合は，**買掛金勘定**で記帳する。

設例9-2

1) 7月1日，商品50,000円を仕入れ，代金は掛けとした。
　　（仕　　入）50,000　　（買　掛　金）50,000

2) 7月2日，商品80,000円を仕入れ，代金のうち20,000円を現金で支払い，残額は掛けとした。
　　（仕　　入）80,000　　（買　掛　金）60,000
　　　　　　　　　　　　　（現　　　金）20,000

3) 7月6日，買掛金の残高110,000円のうち，50,000円を現金で支払った。
　　（買　掛　金）50,000　　（現　　　金）50,000

4) 7月9日，買掛金の残高60,000円のうち，30,000円を小切手を振り出して支払った。
　　（買　掛　金）30,000　　（当　座　預　金）30,000

　設例9-2による買掛金勘定の勘定口座への転記は，次のようになる。買掛金残高は30,000円となる。

	買掛金		
7/6	50,000	7/1	50,000
7/9	30,000	7/2	60,000

[3] 未収金勘定・未払金勘定の記帳

　商品以外の物品における売買取引においても，代金の決済を後日に約束する取引がある。備品や建物，車両，その他が挙げられる。

　売掛金と買掛金は，商品売買においてのみ使用し，それ以外の物品においては，**未収金勘定**と**未払金勘定**で記帳する。

設例9-3

1) 3月1日，備品30,000円を売却し，代金は後日に受け取ることにした。
   （未　収　金）　30,000　　（備　　　品）　30,000
2) 3月2日，3月1日の備品売却代金のうち20,000円を，現金で受け取った。
   （現　　　金）　20,000　　（未　収　金）　20,000
3) 3月6日，車両100,000円を購入し，代金は後日の支払いとした。
   （車両運搬具）　100,000　（未　払　金）　100,000
4) 3月8日，3月6日の車両購入代金を，小切手を振り出して支払った。
   （未　払　金）　100,000　（当　座　預　金）　100,000
5) 3月9日，商品40,000円を仕入れ，代金は掛けとし，引取費2,000円は後日の支払いとした。
   （仕　　　入）　42,000　　（買　掛　金）　40,000
   　　　　　　　　　　　　　（未　払　金）　2,000

＊設例9-3による未収金勘定と未払金勘定の勘定口座への転記。

```
            未収金
3/1  30,000 | 3/2  20,000


            未払金
3/8 100,000 | 3/6  100,000
            | 3/9    2,000
```

☆
｛ 売掛金 … 商品販売により、まだ受け取ってない金額（掛によるもの）[サービス]
｛ 未収金 … それ以外のもの　例）固定資産を売却してまだ代金を受け取っていない場合

［4］立替金勘定・預り金勘定の記帳

取引内容が未確定であっても，一時的に金銭を立て替えることがある。後に，取引内容が明らかになった時点で，精算を行う。これは，**立替金勘定**で記帳する。

また，取引が事前に想定される場合には一時的に金銭を預かり，取引が確定した時点で精算を行う。これは，**預り金勘定**で記帳する。

設例9-4

1）2月1日，従業員の依頼により，現金20,000円を立て替えた。
　　（立　替　金）　20,000　　（現　　　金）　20,000
2）2月25日，2月1日の従業員への立替えを，給料200,000円より差し引いて180,000円を現金で支払った。
　　（給　　　料）　200,000　　（立　替　金）　20,000
　　　　　　　　　　　　　　　　（現　　　金）　180,000
3）3月25日，給料180,000円から，社会保険料10,000円と源泉所得税4,000円を差し引いて現金166,000円を支払った。
　　（給　　　料）　180,000　　（預　り　金）　14,000
　　　　　　　　　　　　　　　　（現　　　金）　166,000
4）4月10日，給料からの預り金14,000円を，関係機関へ現金で支払った。
　　（預　り　金）　14,000　　（現　　　金）　14,000

設例9-4による立替金勘定と預り金勘定の勘定口座への転記は，次のようになる。

立替金勘定では，従業員立替金勘定を使用し，区別することがある。

```
              立替金
   2/1   20,000  | 2/25   20,000


              預り金
   4/10  14,000  | 3/25   14,000
```

[5] 仮払金勘定・仮受金勘定の記帳

　取引内容が，未確定かつ金額不明であっても，取引の遂行上，一時的に金銭の仮払いを行う場合がある。後に，取引内容が明らかになった時点で，振替えを行う。金銭の仮払いについては，**仮払金勘定**で記帳する。

　また，取引内容が，未確定かつ金額不明であっても，取引の遂行上，一時的に金銭を仮受けする場合がある。後に，取引内容が明らかになった時点で振替えを行う。金銭の仮受けについては，**仮受金勘定**で記帳する。

設例9-5

1）7月1日，従業員の出張につき，現金40,000円を仮払いした。
　　（仮　払　金）　40,000　　（現　　　金）　40,000
2）7月5日，従業員の帰着につき精算すると，旅費交通費25,000円の使用が判明し，差額15,000円の返金を受けた。
　　（旅費交通費）　25,000　　（仮　払　金）　40,000
　　（現　　　金）　15,000
3）8月4日，取引相手より，20,000円の送金があったが，内容が不明である。
　　（現　　　金）　20,000　　（仮　受　金）　20,000
4）8月9日，8月4日の送金は，売掛金の回収と判明した。
　　（仮　受　金）　20,000　　（売　掛　金）　20,000

＊設例9-5による仮払金勘定と仮受金勘定の勘定口座への転記。

```
            仮払金
7/1    40,000 | 7/5    40,000


            仮受金
8/9    20,000 | 8/4    20,000
```

[6] 貸付金勘定・借入金勘定の記帳

金銭の貸付けや借入れでは，金銭消費貸借における証書が交わされる。

金銭の貸付けについては，金銭債権を有することになる。また，金銭の借入れについては，金銭債務を負うことになる。

金銭の貸付けは，**貸付金勘定**で記帳し，金銭の借入れは，**借入金勘定**で記帳する。

設例9-6

1) 1月4日，取引先の求めにより，現金50,000円を貸し付けた。
   （貸　付　金）　50,000　　（現　　　金）　50,000
2) 1月8日，1月4日の貸付金のうち，30,000円の返済を現金で受けた。
   （現　　　金）　30,000　　（貸　付　金）　30,000
3) 2月1日，銀行より，現金100,000円の借入れを行った。
   （現　　　金）　100,000　　（借　入　金）　100,000
4) 2月9日，2月1日の借入金のうち，60,000円を現金で返済した。
   （借　入　金）　60,000　　（現　　　金）　60,000

＊設例9-6による貸付金勘定と借入金勘定の勘定口座への転記。

貸付金
| 1/4 | 50,000 | 1/8 | 30,000 |

借入金
| 2/9 | 60,000 | 2/1 | 100,000 |

[7] 手形貸付金勘定・手形借入金勘定の記帳

　金銭の貸付けや借入れでは，金銭消費貸借における証書が交わされるが，証書の交付に代えて手形による貸付けや借入れがある。

　手形を使用するが，この場合は商品売買で使用する商業手形ではなく，金銭を融通する観点から金融（融通）手形として区別される。

　金銭を貸し付ける取引では，**手形貸付金勘定**で記帳し，金銭を借り入れる取引では，**手形借入金勘定**で記帳する。

設例9-7

1) 6月3日，約束手形を受け取り，現金80,000円を貸し付けた。
　　（手形貸付金）　80,000　　（現　　　金）　80,000
2) 6月3日，約束手形を振り出し，現金80,000円を借り入れた。
　　（現　　　金）　80,000　　（手形借入金）　80,000

＊設例9-7による手形貸付金勘定と手形借入金勘定の勘定口座への転記。

```
          手形貸付金
   6/3    80,000 |


          手形借入金
                 | 6/3    80,000
```

[8] 商品券・他店商品券の記帳

商品券を発行すると，商品券の発行者は，発行額相当の現金を前もって得られるという利点があるが，商品券を保有する第三者に行使されると，券面額に相当する商品の引渡し義務が生じる。

対して，他者が発行した他店商品券を保有する場合は，商品との交換あるいは現金との交換ができる。

商品券による取引では**商品券勘定**で記帳し，他店商品券による取引では，**他店商品券勘定**で記帳する。

設例9-8

1) 5月1日，商品券50,000円を発行し，現金を受け取った。
　　（現　　金）　50,000　　（商　品　券）　50,000

2) 5月4日，商品52,000円を売り上げ，代金は自己が発行した商品券50,000円と，差額の2,000円を現金で受け取った。
　　（商　品　券）　50,000　　（売　　上）　52,000
　　（現　　金）　 2,000

3) 6月1日，商品70,000円を売り上げ，代金は他者が発行した他店商品券60,000円と，差額の10,000円は現金で受け取った。
　　（他店商品券）　60,000　　（売　　上）　70,000
　　（現　　金）　10,000

4) 6月8日，受け取った他店商品券60,000円を，商品券加盟協会で決済を受け，現金と交換した。
　　（現　　金）　60,000　　（他店商品券）　60,000

＊設例9-8による商品券と他店商品券の勘定口座への転記。

```
             商品券
  5/4   50,000 | 5/1   50,000


           他店商品券
  6/1   60,000 | 6/8   60,000
```

講義 10

約束手形

講義にあたって

　約束手形とは，商品売買取引あるいはその他の取引において，ある期日に定められた金額を支払うことを約束する証券である。

　約束手形は，小切手の即日支払いと違い，支払期日までには数ヶ月程度の猶予期間を設定することが可能となっている。これは，商慣習における信用機能を前提とするものであり，約束手形による決済機能を活用すれば，現在，現金残高がなくても取引が可能となる。しかし，数ヶ月後の約束手形の支払日までに，預金残高を確保しておく必要がある。

　約束手形は，取引当事者間が2人である場合に利用される取引で，約束手形を振り出す側が支払義務を負い，約束手形を受け取る側は，金融機関で記載されている期日に，支払いを受けることができる。

講義の要点

[1]　約束手形
[2]　受取手形勘定・支払手形勘定の記帳

学習する用語と勘定

用語：振出し・振出人・受取人（名宛人）
勘定：支払手形勘定・受取手形勘定

[1] 約束手形

約束手形は，2者間取引において利用される。

約束手形は，小切手と同様に，<u>取引相手に渡すことを**振出し**</u>という。約束手形を振り出す側が**振出人**となり，そして代金の支払人となる。そして，約束手形を受け取る側が代金の**受取人**となる。

約束手形には，代金を受け取る受取人の名が記載されるため，受取人は**名宛人**ともいう。約束手形による代金の決済には，数ヶ月程度の猶予期間の後に行われる。

約束手形の仕組みは，以下の図のようになる。

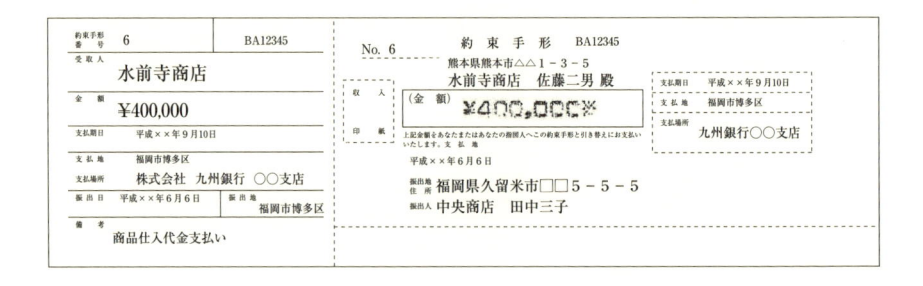

```
(○×△) ×× （支払手形）××          （受取手形）×× (○×△) ××

  ┌─────────┐      振出し         ┌─────────┐
  │  支払人  │  ──────▶ 約束手形    │  受取人  │
  │ (振出人) │    （代金の支払い）   │ (名宛人) │
  └─────────┘                      └─────────┘
```

約束手形番号	6	BA12345
受取人	水前寺商店	
金額	¥400,000	
支払期日	平成××年9月10日	
支払地	福岡市博多区	
支払場所	株式会社 九州銀行 ○○支店	
振出日	平成××年6月6日	振出地 福岡市博多区
備考	商品仕入代金支払い	

No. 6　　約束手形　BA12345
熊本県熊本市△△1-3-5
水前寺商店　佐藤二男 殿
（金額）¥400,000※
上記金額をあなたまたはあなたの指図人へこの約束手形と引き替えにお支払いいたします。支払地
平成××年6月6日
振出人住所 福岡県久留米市□□5-5-5
振出人 中央商店　田中三子

支払期日 平成××年9月10日
支払地 福岡市博多区
支払場所 九州銀行○○支店

[2] 受取手形勘定・支払手形勘定の記帳

　約束手形を振り出す側である振出人は，すなわち支払人となるため，約束手形の振出しによる支払義務を負い，**支払手形勘定**で記帳する。

　約束手形を受け取る側は，受け取ることを名宛された受取人となり，**受取手形勘定**で記帳する。

設例10-1

　4月1日，神戸商店は，九州商店より商品100,000円を仕入れ，代金は約束手形を振り出して支払った。

■神戸商店（振出人）
　　（仕　　　入）　100,000　　　（支 払 手 形）　100,000
■九州商店（受取人）
　　（受 取 手 形）　100,000　　　（売　　　上）　100,000

　4月9日，神戸商店は，九州商店に対する買掛金30,000円の支払いのため，約束手形を振り出して支払った。

■神戸商店（振出人）
　　（買　掛　金）　30,000　　　（支 払 手 形）　30,000
■九州商店（受取人）
　　（受 取 手 形）　30,000　　　（売 掛 金）　30,000

＊設例10-1による受取手形勘定と支払手形勘定の勘定口座への転記。

```
          受取手形（九州商店）
   4/1    100,000  |
   4/9     30,000  |


          支払手形（神戸商店）
                   |  4/1   100,000
                   |  4/9    30,000
```

講義11 為替手形

講義にあたって

　為替手形とは，約束手形と同様に，商品売買取引あるいはその他の取引において，ある期日に定められた金額を支払うことを約束する証券である。

　しかし，為替手形は約束手形と違い，大きく異なる機能をもっている。それは，約束手形は振り出した本人が支払義務を負うが，為替手形では支払いを他人に依頼し，支払義務を移転することができる。

　約束手形は，2者間の取引であったが，為替手形は，振出人と支払人そして受取人の3者で決済が行われる。

　為替手形も，支払期日までには数ヶ月程度の猶予期間を設けることができ，預金残高が取引時点でなくても取引が可能である。なお，為替手形の支払日までに，預金残高を確保しておかなければならない。

講義の要点

[1]　為替手形
[2]　受取手形勘定・支払手形勘定の記帳（仕入代金の支払い）
[3]　受取手形勘定・支払手形勘定の記帳（買掛金の支払い）
[4]　為替手形の振出人と支払人（引受人・名宛人）の貸借関係

学習する用語と勘定

　用語：振出人・支払人（引受人・名宛人）・受取人（指図人）
　勘定：支払手形勘定・受取手形勘定

[1] 為替手形

為替手形は，3者間取引において利用される。

為替手形は，約束手形とは異なり，為替手形を振り出す者は代金の支払人とはならずに，他の者に支払いの引受けを依頼し，承諾を得て取引相手に渡すことになる。為替手形を振り出す者は，**振出人**となり，支払いの引受けを承諾した他の者が**支払人（引受人・名宛人）**となる。そして，為替手形の振出人から為替手形を受け取る者が**受取人（指図人）**となる。

約束手形では，代金を受け取る者が名宛人となるが，為替手形では，代金の支払いを引き受けた支払人が名宛人となる。これは，為替手形の支払人の名が記されるからである。為替手形では，振出人と支払人（名宛人）との間に，貸し借りの関係が存在していることが前提である。

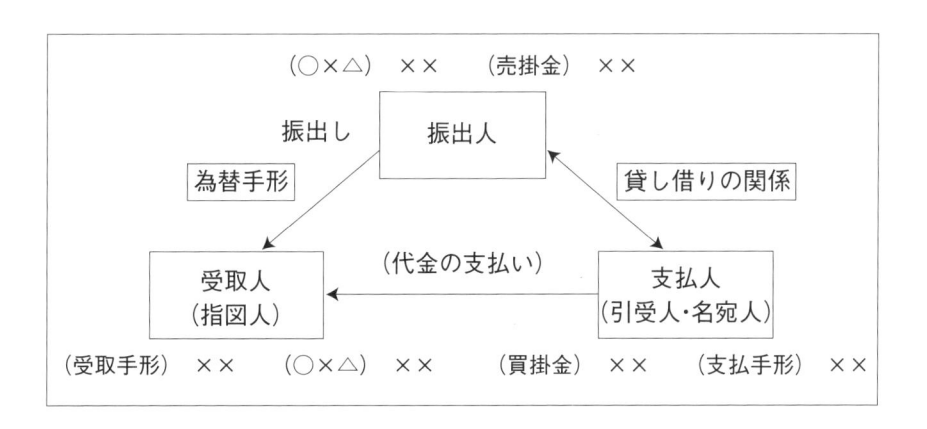

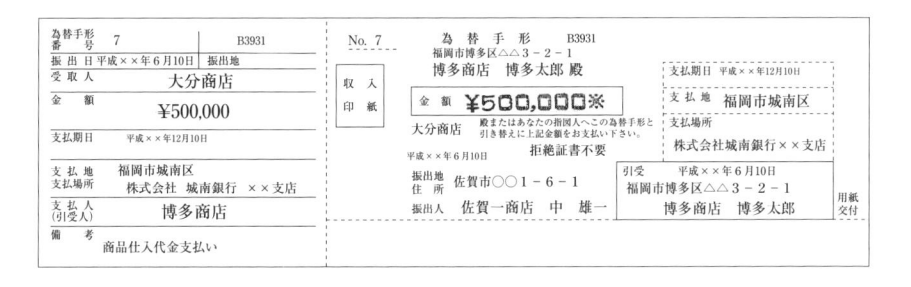

[2] 受取手形勘定・支払手形勘定の記帳(仕入代金の支払い)

為替手形を振り出す者は，支払人とはならないため，支払手形勘定で記帳することはない。

支払手形勘定で記帳するのは，為替手形の支払義務を負う支払人（名宛人）となる。そして，**受取手形勘定**で記帳するのは，為替手形の受取人（指図人）である。

為替手形を金融機関で，現金と交換するのは受取人（指図人）となる。為替手形を振り出す振出人は，為替手形の支払いを引き受けた支払人（名宛人）との間にある貸し借りの相殺を行う記帳をすることになる。

設例11-1

【仕入れ代金の支払い】

4月5日，神戸商店は，九州商店より商品100,000円を仕入れ，代金はかねてより売掛金のある大阪商店宛の為替手形を振り出し，大阪商店の引受けを得て，九州商店に渡した。

■神戸商店（振出人）
（仕　　　入）　100,000　　（売　掛　金）　100,000
■大阪商店（支払人・引受人・名宛人）
（買　掛　金）　100,000　　（支　払　手　形）　100,000
■九州商店（受取人）
（受　取　手　形）　100,000　　（売　　　上）　100,000

＊設例11-1による受取手形勘定と支払手形勘定の勘定口座の転記。

```
        受取手形（九州商店）
  4/5   100,000  |


        支払手形（大阪商店）
                 | 4/5   100,000
```

[3] 受取手形勘定・支払手形勘定の記帳（買掛金の支払い）

設例11-2

【買掛金の支払い】

　5月3日，東京商店は名古屋商店に対する買掛金50,000円の支払いのため，かねてより売掛金のある練馬商店宛の為替手形を振り出し，練馬商店の引受けを得て，名古屋商店に渡した。

■東京商店（振出人）
　（買　掛　金）　50,000　　（売　掛　金）　50,000
■練馬商店（支払人・引受人・名宛人）
　（買　掛　金）　50,000　　（支　払　手　形）　50,000
■名古屋商店（受取人）
　（受　取　手　形）　50,000　　（売　掛　金）　50,000

＊設例11-2による受取手形勘定と支払手形勘定の勘定口座への転記。

```
          受取手形（名古屋商店）
   5/3     50,000  |

          支払手形（練馬商店）
                   |  5/3     50,000
```

[4] 為替手形の振出人と支払人(引受人・名宛人)の貸借関係

　為替手形は，振出人と支払人との間に，売掛金・買掛金の貸し借りがあることを前提とした取引である。

　支払人が，本来，振出人が支払うべき代金を振出人に代わって支払うことを承諾するには，支払人がかねてより振出人に対して負っている買掛金を相殺（帳消し）することが条件となる。

　振出人は，支払人に対するかねてからの売掛金の抹消と引き換えに，為替手形の引受けを支払人に依頼することになる。

> **設例11-3**
> 【設例11-1を参照】
> 　4月5日，神戸商店は，九州商店より商品100,000円を仕入れ，代金はかねてより売掛金のある大阪商店宛の為替手形を振り出し，大阪商店の引受けを得て，九州商店に渡した。なお，神戸商店は，4月1日に大阪商店に対して売掛金150,000円がある（大阪商店は，神戸商店に対して買掛金150,000円がある）。
> ■神戸商店（振出人）
> 　（仕　　入）　100,000　　（売　掛　金）　100,000
> ■大阪商店（支払人・引受人・名宛人）
> 　（買　掛　金）　100,000　　（支 払 手 形）　100,000

　設例11-3による神戸商店の売掛金勘定と大阪商店の買掛金勘定の勘定口座では，神戸商店の大阪商店に対する売掛金100,000円が減少（抹消）し，大阪商店の神戸商店に対する買掛金100,000円が減少（相殺）する。これで，神戸商店と大阪商店の貸し借りは，150,000円から50,000円へ減少したことになる。

```
           売掛金（神戸商店）
     4/1    150,000 │ 4/5    100,000

           買掛金（大阪商店）
     4/5    100,000 │ 4/1    150,000
```

講義12

手形の裏書譲渡

講義にあたって

　約束手形と為替手形は，手形の満期日（支払期日）に，金融機関で手形代金相当額の受払いを行うための証券である。手形を保有している人は，支払いを受ける権利を有していることに他ならない。

　しかし，手形はその受取りから満期日まで数ヶ月程度の猶予期間がある。手形を保有している人は，手形の満期日の前までに，保有している手形を他人に譲渡することができる。手形を譲渡された人は，手形の満期日に，金融機関より支払いを受けることができる。この手形を他人に譲渡することを，手形の裏書譲渡という。

　手形の裏書とは，手形を保有している人が，手形の裏面に譲渡を表す必要事項を記入することをいう。手形を譲渡する人を裏書人といい，裏書された手形を受け取る人を被裏書人という。

講義の要点

- [1]　約束手形と為替手形の裏書
- [2]　約束手形の裏書譲渡の記帳（他人振出し・自己振出し）
- [3]　為替手形の裏書譲渡の記帳（他人引受け・自己引受け）

学習する用語と勘定

用語：裏書・裏書人・被裏書人
勘定：支払手形勘定・受取手形勘定

[1] 約束手形と為替手形の裏書

約束手形と為替手形を他人に譲渡するためには，受取人の名を変更した旨を記さねばならない。これを**裏書**という。手形を裏書する人を**裏書人**という。

手形の裏書譲渡は，手形代金の受取人の名を変更することである。約束手形と為替手形には，受取人の名が記されているので，それを書き換えて（変更）**被裏書人**となっていなければ，手形を譲渡されたからといって金融機関で支払いを受けようとしても，拒絶されることになる。手形の裏書譲渡は，手形の支払人が他人（自己以外の誰か）である場合には，**受取手形勘定**の増加・減少の記帳となるが，自己が支払人となっている手形を譲渡された場合は，自己が自己に支払うことはなく，**支払手形勘定**の取消（修正）仕訳を行う。

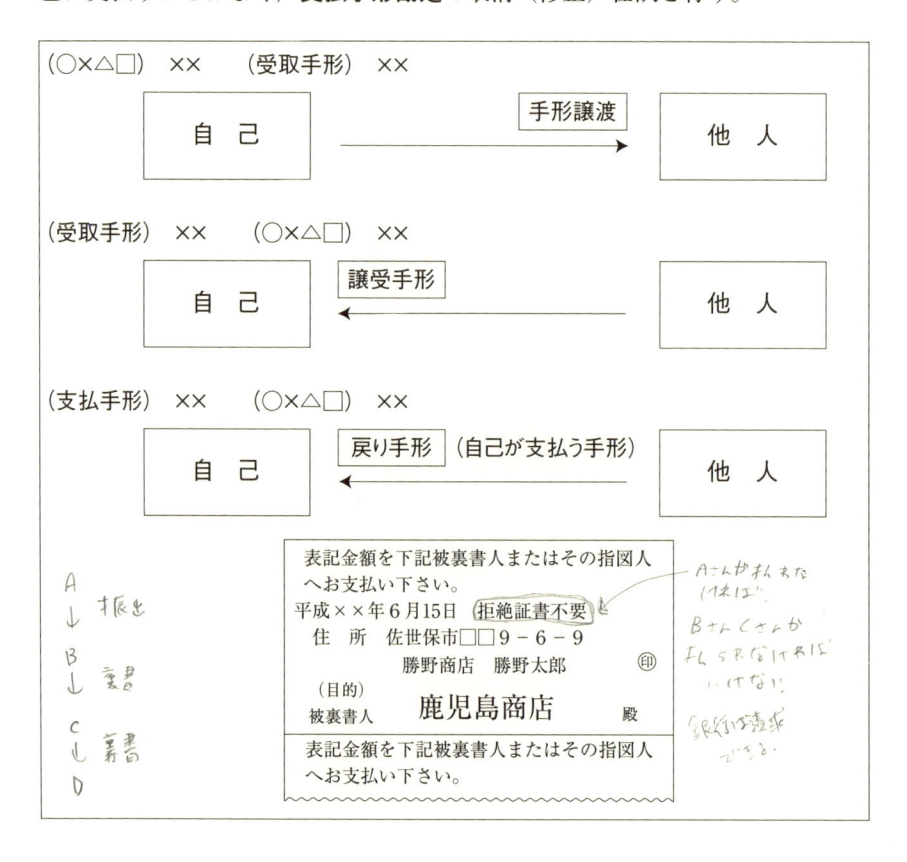

```
(○×△□) ××      (受取手形) ××
 ┌──────┐      手形譲渡      ┌──────┐
 │ 自 己 │ ──────────────→ │ 他 人 │
 └──────┘                  └──────┘

(受取手形) ××    (○×△□) ××
 ┌──────┐     譲受手形      ┌──────┐
 │ 自 己 │ ←────────────── │ 他 人 │
 └──────┘                  └──────┘

(支払手形) ××    (○×△□) ××
 ┌──────┐   戻り手形 (自己が支払う手形)  ┌──────┐
 │ 自 己 │ ←────────────── │ 他 人 │
 └──────┘                  └──────┘
```

A 振出
↓
B 裏書
↓
C 裏書
↓
D

表記金額を下記被裏書人またはその指図人へお支払い下さい。
平成××年6月15日　(拒絶証書不要)
住　所　佐世保市□□9-6-9
　　　　勝野商店　勝野太郎　㊞
（目的）
被裏書人　**鹿児島商店**　殿
表記金額を下記被裏書人またはその指図人へお支払い下さい。

Aさんが払わなければ
Bさんcさんが
払わなければ
いけない。
銀行に請求
できる。

[2] 約束手形の裏書譲渡の記帳（他人振出し・自己振出し）

約束手形の裏書譲渡は，他人振出しによる約束手形を保有していて，他人に裏書譲渡する場合と，他人振出しによる約束手形を裏書譲渡される場合がある。さらに，自己振出しによる約束手形を裏書譲渡される場合がある。

設例12-1

【他人振出しの約束手形の他人への裏書譲渡】

1) 4月3日，板橋商店は，池袋商店より商品100,000円を仕入れ，代金の支払いとして，かねてより受け取っていた練馬商店振出しの約束手形を裏書譲渡した。

■板橋商店（裏書人）
（仕　　　入）　100,000　　（受 取 手 形）　100,000
■池袋商店（被裏書人・受取人）
（受 取 手 形）　100,000　　（売　　　上）　100,000

【他人振出しの約束手形の他人からの裏書譲渡】

2) 4月5日，板橋商店は，新宿商店に商品30,000円を売り上げ，代金は渋谷商店振出しの約束手形を裏書譲渡された。

■板橋商店（被裏書人・受取人）
（受 取 手 形）　30,000　　（売　　　上）　30,000
■新宿商店（裏書人）
（仕　　　入）　30,000　　（受 取 手 形）　30,000

【自己振出しの約束手形の他人からの裏書譲渡】

3) 4月9日，板橋商店は，東京商店に商品40,000円を売り上げ，代金は自己振出しの約束手形を裏書譲渡された。

（支 払 手 形）　40,000　　（売　　　上）　40,000

※自己振出の約束手形を裏書譲渡された場合は，支払手形勘定を減少させる。自己が自己に支払うことはない。約束手形を振り出したときは，以下の仕訳をしている。

（仕　　　入）　40,000　　（支 払 手 形）　40,000

［3］為替手形の裏書譲渡の記帳（他人引受け・自己引受け）

為替手形の裏書譲渡は，約束手形のように，為替手形が他人振出しか自己振出しかの区別を考慮する必要はない。為替手形の裏書譲渡においては，自己が支払人（名宛人・引受人）かどうかを識別すればよい。

設例12-2

【為替手形（他人引受け）の他人への裏書譲渡】

1）4月3日，板橋商店は，池袋商店より商品100,000円を仕入れ，代金の支払いとして，かねてより受け取っていた神田商店引受けの為替手形を裏書譲渡した。

■板橋商店（裏書人）
（仕　　　入）　100,000　　（受 取 手 形）　100,000

■池袋商店（被裏書人・受取人）
（受 取 手 形）　100,000　　（売　　　上）　100,000

【為替手形（他人引受け）の他人からの裏書譲渡】

2）4月5日，板橋商店は，新宿商店に商品30,000円を売り上げ，代金は原宿商店引受けの為替手形を裏書譲渡された。

■板橋商店（被裏書人・受取人）
（受 取 手 形）　30,000　　（売　　　上）　30,000

■新宿商店（裏書人）
（仕　　　入）　30,000　　（受 取 手 形）　30,000

【為替手形（自己引受け）の他人からの裏書譲渡】

3）4月9日，板橋商店は，東京商店に商品40,000円を売り上げ，代金は自己引受けの為替手形を裏書譲渡された。

（支 払 手 形）　40,000　　（売　　　上）　40,000

※自己引受けの為替手形を裏書譲渡された場合は，自己が自己に支払うことはなく，支払手形勘定を減少させる。為替手形を引き受けたときは，以下の仕訳をしている。

（買　掛　金）　40,000　　（支 払 手 形）　40,000

講義13

手形の決済と割引

講義にあたって

　約束手形と為替手形は，満期日（支払期日）になると手形代金の決済をすることになる。手形の満期日には，金融機関を通して，支払手形を負う支払人から，受取手形を保有している受取人に手形代金が支払われる。

　通常，手形代金の決済は，当座預金口座を通じて行われる。手形を保有している手形代金の受取人が手形代金の決済を受けるためには，金融機関へ手形代金の取立てを依頼することが必要である。

　手形代金の決済は，満期日に行われることが通例であるが，満期日前に金融機関で現金に換えることができる。満期日までに，現金を必要とする事由が生じた場合に行われるが，満期日と現金交換日との日数差に応じて，手形代金から相当額が割り引かれる。満期日前に，金融機関で現金に換えることを，手形の売却として認識する。

講義の要点

[1]　手形決済の記帳
[2]　手形割引料の計算
[3]　手形割引料（手形売却損）の記帳

学習する用語と勘定

用語：取立て・割引・割引料
勘定：手形売却損勘定

[1] 手形決済の記帳

手形代金の満期日における決済は，約束手形，為替手形ともに，当座預金勘定で記帳する。手形代金の支払人の当座預金口座から，手形代金の受取人の当座預金口座へ，代金が振り替えられる。

支払人は，当座預金勘定の減少と同時に，支払手形勘定の相殺が，そして受取人は当座預金勘定の増加と同時に受取手形勘定が消滅する取引が発生する。手形の決済は，事前に金融機関へ**取立て**を依頼しておく必要がある。

設例13-1

1) 5月1日，神戸商店は，かねてより受け取っていた九州商店振出しの約束手形の取立てを金融機関に依頼していたが，本日満期日となり，当座預金口座に手形代金100,000円が振り込まれた。
   ■神戸商店（受取人）
     （当 座 預 金）　100,000　　（受 取 手 形）　100,000
   ■九州商店（振出人・支払人）
     （支 払 手 形）　100,000　　（当 座 預 金）　100,000

2) 6月9日，岡山商店は，広島屋商店が山口商店への買掛金支払いのために振り出した為替手形50,000円の引受けをしていたが，本日満期日となり，当座預金口座から手形代金50,000円が差し引かれた。
   ■岡山商店（支払人）
     （支 払 手 形）　50,000　　（当 座 預 金）　50,000
   ■山口商店（受取人）
     （当 座 預 金）　50,000　　（受 取 手 形）　50,000

[2] 手形割引料の計算

　手形を金融機関で，満期日前に現金に換える行為を手形の**割引**といい，手形の売却として認識する。

　手形の満期日前の現金化は，その満期日までの日数に応じて割り引かれ，その額を**割引料**という。手形代金から割り引かれる割引料は，金融機能における利息の差し引きという事由があるものと考えてよい。

　割引料の計算式は，以下のとおりである。

$$割引料 = 手形代金 \times 年利(割引率) \times \frac{割引日数}{365日}$$

設例13-2

　7月1日，北海道商店は，保有している約束手形200,000円を，満期日前に現金に換えるため，金融機関にて割り引かれた。
　約束手形の満期日は，9月11日。年利（割引率）は，年4％である。
　手形売却による手取金は，198,400円である。
　　　手形代金＝200,000円
　　　年利(割引率)＝4％
　　　割引日数＝73日
　　　※割引日数は，割引日と満期日までの日数で両端入れである。

$$割引料 = 200,000円 \times 0.04 \times \frac{73日}{365日} = 1,600円$$

[3] 手形割引料(手形売却損)の記帳

　手形を満期日前に金融機関に売却すると，手形代金より割引料の額だけ現金の手取額が減ることになる。この減少額は，手形を売却したことにより生じるため，手形売却損として認識する。

　手形の売却による割引料は，**手形売却損勘定**で記帳する。

> **設例13-3**
>
> 　5月1日，北海道商店は，保有している約束手形100,000円を，満期日前に現金に換えるため，金融機関にて割り引かれて手取金を当座預金へ預け入れた。
> 　約束手形の満期日は，6月19日。年利（割引率）は，年10.95%である。
>
> 　　手形代金＝100,000円
> 　　年利（割引率）＝10.95%
> 　　割引日数＝50日
>
> $$割引料 = 100,000円 \times 0.1095 \times \frac{50日}{365日} = 1,500円$$
>
> （当　座　預　金）　98,500　　（受　取　手　形）　100,000
> （手 形 売 却 損）　 1,500

講義14
貸倒引当金の設定

講義にあたって

　売掛金や受取手形は，代金を後日に受け取ることを約束した債権で，一時的に資金を貸している状況にある。しかし，債権は支払人の事由（倒産など）によって，資金が回収不能となる危険性がある。これを貸倒れという。その回収不能額は損失となる。

　将来，回収不能額が予想される場合は，それに備えて，あらかじめ準備をする必要がある。その準備とは，将来，発生が予想される回収不能額を債権の発生した会計期間の費用として記帳することである。

　簿記の学習では，会計期間末に未回収として残っている債権（期末残高）につき，将来，発生が予想される回収不能額を貸倒引当金として設定し，その額を当期の費用として記帳する。

講義の要点

[1] 貸倒損失の記帳　　　　[3] 貸倒れ発生時の記帳
[2] 貸倒引当金の設定と記帳　[4] 償却債権の取立ての記帳

学習する用語と勘定

用語：貸倒れ
勘定：貸倒損失勘定・貸倒引当金繰入勘定（貸倒引当損勘定・貸倒償却勘定）・貸倒引当金勘定・償却債権取立益勘定

［１］貸倒損失の記帳

売掛金や受取手形などの債権が**貸倒れ**となった場合，その額は損失となる。貸し倒れて損失となった債権額は，**貸倒損失勘定**で記帳する。

設例14-1

1）５月３日，鹿児島商店に商品200,000円を売り上げ，代金は掛けとした。
　　（売　掛　金）　200,000　　　（売　　　上）　200,000
2）５月６日，大分商店に商品100,000円を売り上げ，代金は先方振出しの約束手形で受け取った。
　　（受　取　手　形）　100,000　　　（売　　　上）　100,000
3）６月２日，鹿児島商店が倒産し，先方に対する売掛金200,000円が回収不能となった。
　　（貸　倒　損　失）　200,000　　　（売　掛　金）　200,000

設例14-1による売掛金勘定と貸倒損失勘定の勘定口座への転記は，次のようになる。売掛金200,000円の回収不能が，損失として発生したことになる。

```
            売　掛　金
    5/3    200,000 | 6/2    200,000

            受取手形
    5/6    100,000 |

          （損失の発生）
            貸倒損失
    6/2    200,000 |
```

[2] 貸倒引当金の設定と記帳

売掛金や受取手形などの債権が，将来，貸倒れになることが予想される場合には，その貸倒れで回収不能となる額を見積もって，あらかじめ貸倒引当金を設定する。

設定する貸倒引当金は，債権の発生した会計期間の費用として，**貸倒引当金繰入勘定**を使用して記帳する。貸倒引当金として設定する額は，合理的な見積り（実績率：過去の実績）によって算出する。

貸倒れの見積り対象となる債権は，会計期間末に未回収として残っている債権（期末残高）である。

貸倒引当金の設定にあたって，費用として計上する勘定には，貸倒引当金繰入勘定の他に，貸倒引当損勘定や貸倒償却勘定などがある。貸倒引当金の設定額は，**貸倒引当金勘定**で記帳する。

貸倒引当金の設定額＝(売掛金の期末残高＋受取手形の期末残高)×実績率

設例14-2

12月31日，決算にあたり，売掛金の期末残高400,000円と受取手形の期末残高200,000円に対して，2％が回収不能と想定される。貸倒れを見積もる債権残高は，合計の600,000円とする。

（貸倒引当金繰入）　12,000　　（貸倒引当金）　12,000

※貸倒引当金設定額　600,000円×2％＝12,000円

＊設例14-2による貸倒引当金繰入と貸倒引当金勘定の勘定口座への転記。

```
         貸倒引当金繰入（当期の費用）
    12/31    12,000  |

         貸倒引当金（次期への設定）
                     | 12/31    12,000
```

[3] 貸倒れ発生時の記帳

貸倒引当金が設定されていない債権が貸倒れになった場合は，その全額が損失となるが，貸倒引当金が設定されている債権が貸倒れになった場合には，設定額（残高）を超えない額での貸倒れは損失とはならない。

あらかじめ準備しておいた貸倒引当金が，回収不能となる債権の額に引き当てられ，損失回避の手段が施される。

ただし，貸倒れになった債権の額が，貸倒引当金の設定額（残高）を超える額については損失となる。

設例14−3

1) 5月2日，鹿児島商店に対する売掛金70,000が回収不能となった。なお，貸倒引当金残高は90,000円である。
   （貸倒引当金）　70,000　　（売　掛　金）　70,000
2) 6月6日，大分商店に対する売掛金30,000が回収不能となった。
   （貸倒引当金）　20,000　　（売　掛　金）　30,000
   （貸 倒 損 失）　10,000
3) 7月5日，宮崎商店に対する売掛金40,000円が回収不能となった。
   （貸 倒 損 失）　40,000　　（売　掛　金）　40,000

＊設例14−3による貸倒引当金勘定と貸倒損失勘定の勘定口座への転記。

```
            貸倒引当金
    5/2   70,000 │(残高)  90,000
    6/6   20,000 │

             貸倒損失
    6/6   10,000 │
    7/5   40,000 │
```

[4] 償却債権の取立ての記帳

前期に貸倒れとして処理（償却）していた売掛金が，当期になって回収可能となった場合には，その回収額を記帳する。記帳には，**償却債権取立益勘定**を使用する。

設例14-4

前期に，貸倒れとして処理していた売掛金30,000円が，当期になって回収可能となり，その額を現金で受け取った。

（現　　　金）　30,000　　（償却債権取立益）　30,000

償却債権取立益

前期に，貸倒れとして償却（減少）した売掛金は，すでに債権として消滅したことになる。しかし，当期になって，すでに債権として消滅した売掛金が回収可能となっても，その回収可能額は記帳の上では，売掛金の回収を意味しない。よって，臨時的な収益として認識して記帳することになる。

講義 15
貸倒引当金の残高設定

講義にあたって

　売掛金や受取手形などの債権における貸倒引当金の設定額は，必ず設定額と同じ額の貸倒れが発生することを意味するものではない。あくまでも，見積りによる額であるため，実際の貸倒れの額と一致することもあれば，その額を超えたり，達しなかったりすることがある。

　よって，当期の期末において，前期の期末に設定した貸倒引当金に残高がある場合とない場合がある。設定した貸倒引当金の額を，実際の貸し倒れた額が下回ったならば，その差額が残高として残るが，実際の貸し倒れた額が超えたならば，残高は残らない。

　貸倒引当金の設定は，当期の期末において予想される貸倒れ額を見積もり，その見積もった額と，前期の期末から残る貸倒引当金の残高を比較し，残高が当期の期末の見積り額よりも少なければ，貸倒引当金を積み増す。残高が当期の期末における見積り額よりも多ければ，その超える額を戻し入れる。

講義の要点

［１］　貸倒引当金の残高設定（差額補充法）
［２］　貸倒引当金の残高設定（洗替法）
［３］　貸倒引当金の残高設定（戻入れ）

学習する用語と勘定

用語：差額補充法・洗替法・戻入れ
勘定：貸倒引当金戻入勘定

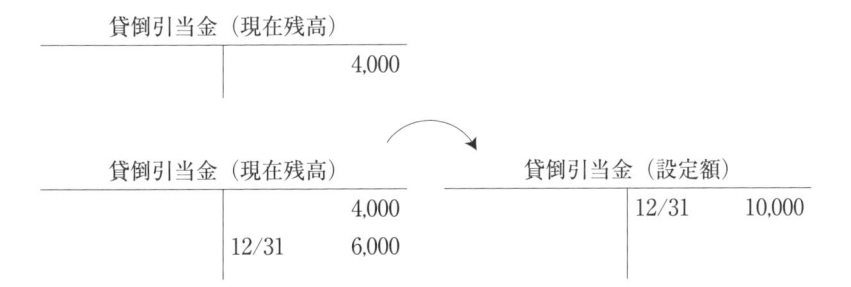

[1] 貸倒引当金の残高設定（差額補充法）

貸倒引当金残高が，当期の期末における見積り額よりも少ない場合は，その不足する額を積み増す記帳を行う。貸倒引当金残高と見積り額との差額を補充することになる。これを**差額補充法**という。

設例15-1

当期の期末における貸倒引当金残高は4,000円である。しかし，現在，当期の期末の売掛金と受取手形の残高は合計で500,000円であり，そのうちの2％が回収不能と見込まれる。

［貸倒引当金設定額＝10,000円（貸倒引当金残高＝4,000円）］

（貸倒引当金繰入）　6,000　　（貸倒引当金）　6,000

設例15-1により，貸倒引当金勘定の勘定口座の残高が4,000円である。しかし，貸倒引当金として設定すべき額は10,000である。その差額6,000円が不足している。よって，差額分の6,000円を補充する。

```
     貸倒引当金（現在残高）
                    4,000
```

```
     貸倒引当金（現在残高）              貸倒引当金（設定額）
                    4,000         12/31    10,000
     12/31   6,000
```

[2] 貸倒引当金の残高設定(洗替法)

　貸倒引当金残高が，当期の期末における見積り額よりも少なくても，あるいは多くても，一旦，残高のすべての額の**戻入れ**を行い，その後，新たに当期の期末における見積り額を設定する記帳を行う。

　前期の期末における貸倒引当金勘定を，当期の期末における貸倒引当金勘定に洗替えをすることになる。これを，**洗替法**という。

　貸倒引当金の戻入れは，**貸倒引当金戻入勘定**で記帳する。

設例15-2

【設例15-1を参照】
　当期の期末における貸倒引当金残高は，4,000円である。しかし，現在，当期の期末の売掛金と受取手形の残高は，合計で500,000円あるが，そのうちの2％が回収不能と見込まれる。

　　［貸倒引当金設定額＝10,000円（貸倒引当金残高＝4,000円）］

（貸倒引当金）	4,000	（貸倒引当金戻入）	4,000
（貸倒引当金繰入）	10,000	（貸倒引当金）	10,000

　設例15-2により，貸倒引当金勘定の勘定口座の残高が4,000円である。一旦，貸倒引当金勘定の勘定口座の残高4,000円を戻し入れ，新たに10,000円の貸倒引当金を設定する。

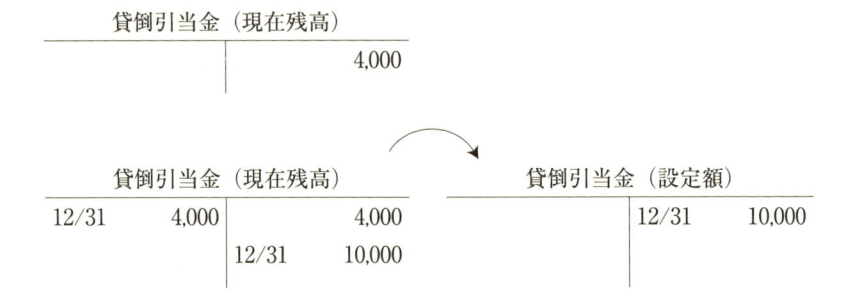

```
        貸倒引当金（現在残高）
                    │  4,000
```

```
        貸倒引当金（現在残高）                 貸倒引当金（設定額）
  12/31  4,000  │  4,000                  12/31  10,000
               │ 12/31  10,000
```

[3] 貸倒引当金の残高設定（戻入れ）

貸倒引当金残高が，当期の期末における見積り額よりも多い場合は，その超過する額を戻し入れるための記帳を行う。

前期の期末における貸倒引当金残高を，必ず当期の期末における貸倒引当金の見積り額に一致させることが必要である。

設例15-3

当期の期末における貸倒引当金残高は，12,000円である。しかし，現在，当期の期末の売掛金と受取手形の残高は，合計で500,000円あるが，そのうちの2％が回収不能と見込まれる。

　　［貸倒引当金設定額＝10,000円（貸倒引当金残高＝12,000円）］

　　（貸倒引当金）　2,000　　（貸倒引当金戻入）　2,000

設例15-3により，貸倒引当金勘定の勘定口座の残高が12,000円である。しかし，貸倒引当金の設定額は10,000円でよい。その差額2,000円分が超過している。よって，差額分の2,000円を戻し入れる。

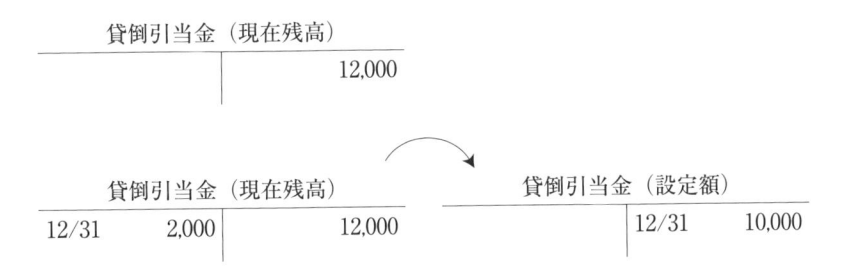

```
     貸倒引当金（現在残高）
                    12,000
```

```
     貸倒引当金（現在残高）              貸倒引当金（設定額）
12/31   2,000    12,000           12/31   10,000
```

講義16
有形固定資産の取得と減価償却

講義にあたって

　有形固定資産とは，固定資産のなかで無形固定資産と違って形がある固定資産のことをいう。有形固定資産で代表的なものとして，建物や備品，車両，機械などが挙げられる。

　有形固定資産は，取得の後，時の経過や使用によって価値が減少する。有形固定資産の価値の減少は，簿記の学習において収益を得るために必要な費用として認識する。

　有形固定資産の価値が下落することを減価という。時の経過や使用による価値の減少を物質的減価という。また，有形固定資産の技術的な陳腐化などによる価値の減少を機能的減価という。

　減価する額を費用として認識し，それを収益と対応させることを減価償却という。減価する額を費用として処理するにあたり，それを減価償却費として認識する。

講義の要点

[1] 有形固定資産の取得と資本的支出・収益的支出
[2] 減価償却費の計算方法
[3] 減価償却費の計算（定額法・定率法）

学習する用語

収益的支出・資本的支出／減価償却・減価償却費／定額法・定率法

[1] 有形固定資産の取得と資本的支出・収益的支出

　有形固定資産の取得は，商品などの仕入れと同様に，有形固定資産の代価に取得までに必要となった付帯費用（仲介手数料や登記料など）を含めて取得原価とする。

　有形固定資産は，時の経過や使用により，修繕を行う必要が生じる。有形固定資産の破損などを，原状に回復させるために要する費用は，修繕費勘定を用いて記帳する。これを**収益的支出**という。

　また，有形固定資産の価値を高めるような改造などに要する費用は，その有形固定資産勘定を増加させる記帳をする。これを**資本的支出**という。

設例16-1

【取　得】
　車両500,000円を購入し，登録手数料10,000円を含めて，小切手を振り出して支払った。

　　（車両運搬具）　510,000　　（当座預金）　510,000

設例16-2

【収益的支出】
　車両の外装が一部破損したので，破損部分を修復するために修繕を施し，その費用10,000円を現金で支払った。

　　（修　繕　費）　10,000　　（現　　金）　10,000

【資本的支出】
　建物を改造して，その費用200,000円を小切手を振り出して支払った。

　　（建　　物）　200,000　　（当座預金）　200,000

［2］減価償却費の計算方法

　有形固定資産における価値の減少額である減価を，収益と対応させることを**減価償却**という。

　減価償却でいう償却とは，減価を収益に対応させて回収するという意味を持っている。有形固定資産の減価償却の額は，耐用年数（予定使用期間）の期間にわたって計算される。しかし，会計期間は1年を前提としているため，耐用年数が数年に及ぶ場合は，その数年間において毎年減価償却が行われる。

　減価償却の計算は，その取得と売却が，会計期間の1年と日付けにずれがある場合には，月単位で計算する。減価償却の額を計算する方法には，定額法や定率法，生産高比例法，級数法，取替法などがある。代表的な方法は**定額法**と**定率法**である。減価償却するその額を**減価償却費**として認識する。

【定額法】

$$減価償却費 = \frac{取得原価 - 残存価額}{耐用年数}$$

取得原価：有形固定資産の取得に要した費用
残存価額：耐用年数経過後に処分可能予想額（取得原価の10％が一般的）
耐用年数：有形固定資産の予定利用期間
※定額法は，毎年の減価償却費の額は同じである。

【定率法】

$$減価償却費 = 未償却残高 \times 一定率$$

未償却残高：毎年の有形固定資産の期末残高
※定率法は，毎年の減価償却費の額は異なる。

[3] 減価償却費の計算(定額法・定率法)

　減価償却費の計算方法のなかで，定額法は最も簡便な方法である。定率法は，定額法に次いで一般的な方法である。

設例16-3【定額法】

　車両の取得原価は200,000円で，残存価額は取得原価の10%（20,000円）とする。また耐用年数は10年である。毎年の減価償却費を計算する。

$$減価償却費 = \frac{200,000円 - 20,000円}{10年} = 18,000円$$

設例16-4【定率法】

　車両の取得原価は1,000,000円で，一定率は0.11とする。また，耐用年数は20年である。3年間の減価償却費を計算する。

```
1年目の減価償却費　　1,000,000円 × 0.11 = 110,000円
2年目の減価償却費　　(1,000,000円 - 110,000円) × 0.11 = 97,900円
3年目の減価償却費　　(1,000,000円 - 207,900円) × 0.11 = 87,131円
```

講義17
減価償却費の記帳と有形固定資産の売却・除却

講義にあたって

　有形固定資産の減価償却費の計上は，その会計期間における収益と対応させることを意味し，耐用年数の期間に対する費用配分として認識する。減価償却費の記帳の方法として，直接法と間接法がある。
　直接法は，有形固定資産の勘定を用いて直接的に価値を減少させる。よって，直接法によると，勘定残高（帳簿価額）が減少する。間接法は，有形固定資産の勘定を用いないため，勘定残高（帳簿価額）は減少しない。間接法は，減価償却累計額という勘定を別に設けて減価を記帳する。有形固定資産の減価償却後の現在価値は，直接法では帳簿価額をいい，間接法では帳簿価額から減価償却累計額を差し引いた額をいう。
　有形固定資産は，耐用年数を待たずに売却や除却ができる。

講義の要点

[1] 減価償却費の記帳
　　（直接法・間接法）
[2] 有形固定資産の売却（直接法）
[3] 有形固定資産の売却（間接法）
[4] 有形固定資産の除却
　　（直接法・間接法）

学習する用語と勘定

用語：直接法・間接法
勘定：減価償却費勘定・減価償却累計額勘定・固定資産売却益勘定・
　　　固定資産売却損勘定・固定資産除却損勘定

[1] 減価償却費の記帳（直接法・間接法）

減価償却費の記帳には，直接法と間接法があり，いずれも**減価償却費勘定**を用いる。

直接法は，有形固定資産の勘定を使用して直接的に帳簿価額を減少させる。

間接法は，有形固定資産の勘定を使わずに，**減価償却累計額勘定**を使用して減価を別途に記帳する。間接法によると，有形固定資産の帳簿価額が減少することはない。

設例17-1【直接法】

12月31日，車両の取得原価は100,000円で残存価額は10,000円である。耐用年数は6年。1年目の減価償却費を直接法で記帳する（定額法）。

（減価償却費）　15,000　　（車両運搬具）　15,000

勘定口座への記入は，以下のとおりとなる。

$(100,000 - 10,000) \div 6 = 15,000$

```
        減価償却費
12/31    15,000
```

```
        車両運搬具
        100,000 | 12/31    15,000
```

設例17-2【間接法】

12月31日，車両の取得原価は100,000円で，残存価額は10,000円である。耐用年数は6年。減価償却費を間接法で記帳する（定額法）。

（減価償却費）　15,000　　（減価償却累計額）　15,000

勘定口座への記入は，以下のとおりとなる。

$(100,000 - 10,000)/6 = 15,000$

```
        減価償却費
12/31    15,000
```

```
        減価償却累計額
                    | 12/31    15,000
```

[2] 有形固定資産の売却（直接法）

　有形固定資産は，耐用年数がまだ残っていても不用となり売却することがある。売却すると，有形固定資産の現在価値（帳簿価額）よりも高く売却すると利益が発生し，また，現在価値よりも安く売却すると損失が発生する。

　売却により，利益が発生する場合は，**固定資産売却益勘定**を使用して記帳する。そして，売却により損失が発生する場合は，**固定資産売却損勘定**を使用して記帳する。

　以下に，直接法による記帳を見てみよう。

設例17-3

1) 1月1日，4年前に購入した備品が不用となり150,000円で売却し，代金は現金で受け取った。4年目の減価償却を終えたところである（定額法）。
 （取得原価200,000円・残存価額20,000円・耐用年数は9年） $(200,000-20,000)$
 　　　　　　　　　　　　　　　　　　　　　　　　　　　　　　　$\div 9 = 20,000$
 （現　　　金）　150,000　　（備　　　品）　120,000　　$200,000-(20,000 \times 4)$
 　　　　　　　　　　　　　（固定資産売却益）　30,000　　$= 120,000$

2) 1月1日，3年前に購入した車両が不用となり200,000円で売却し，代金は現金で受け取った。3年目の減価償却を終えたところである（定額法）。
 （取得原価300,000円・残存価額30,000円・耐用年数は10年）
 （現　　　金）　200,000　　（車両運搬具）　219,000
 （固定資産売却損）　19,000

　設例17-3での備品勘定と車両勘定の勘定口座は帳簿価額を表している。

備　品	
200,000	20,000
	20,000
	20,000
	20,000

車両運搬具	
300,000	27,000
	27,000
	27,000

$300,000 - 27,000 \times 3 = 219,000$

[3] 有形固定資産の売却（間接法）

有形固定資産の売却は，直接法と同様に間接法であっても，現在価値（帳簿価額より減価償却累計額を差し引いた額）よりも高く売却すると，利益が発生し，また評価額よりも安く売却すると損失が発生する。

間接法でも，売却による利益と売却により損失は，**固定資産売却益勘定**と**固定資産売却損勘定**を使用して記帳する。

以下に，間接法による記帳を見てみよう。

設例17-4

1) 1月1日，2年前に購入した建物が不用となり，350,000円で売却し，代金は現金で受け取った。2年目の減価償却を終えたところである（定額法）。
（取得原価500,000円・残存価額50,000円・耐用年数は5年）
（減価償却累計額）　180,000　　（建　　物）　500,000
（現　　金）　350,000　　（固定資産売却益）　30,000

2) 1月1日，3年前に購入した備品が不用となり，200,000円で売却し，代金は現金で受け取った。3年目の減価償却を終えたところである（定額法）。
（取得原価400,000円・残存価額40,000円・耐用年数は6年）
（減価償却累計額）　180,000　　（備　　品）　400,000
（現　　金）　200,000
（固定資産売却損）　20,000

設例17-4での減価償却累計額（建物）勘定と減価償却累計額（機械）勘定の勘定口座は価値の減少額の累計を表している。

減価償却累計額（建物）	
	90,000
	90,000

減価償却累計額（備品）	
	60,000
	60,000
	60,000

［4］有形固定資産の除却（直接法・間接法）

有形固定資産を除却した場合，直接法と間接法のいずれの方法でも，現在価値の額が除却損として発生する。

除却損の発生は，**固定資産除却損勘定**を使用して記帳する。

設例17-5

取得原価が200,000円の建物が不用となり，除却した。現在価値は，80,000円である。

【直接法】
　　（固定資産除却損）　80,000　　（建　　物）　80,000

【間接法】
　　（減価償却累計額）　120,000　　（建　　物）　200,000
　　（固定資産除却損）　80,000

講義18

有価証券の取得・売却・評価替え

講義にあたって

　有価証券とは，株式や社債，そして公債（国債，地方債等）など，金銭的価値が付与された受益証券のことをいう。株式の場合は，保有することによって株主となり，配当金を受け取ることができる。

　また，保有する株式の市場価格が取得原価より上昇すれば，それを市場で売却することによって，差額分（利ざや）を利益として得ることができる。社債などは，それを発行する会社へ償還期間まで資金を貸し付けることになり，その期間中に他人へ売却しない限り，利息を受け取ることができる。株式の購入や売却にあたっては株数をもとに把握するが，社債などは口数をもとに把握する。

講義の要点

[1] 売買目的有価証券の取得・売却（株式）
[2] 売買目的有価証券の取得・売却（株式）の勘定口座
[3] 売買目的有価証券の取得・売却（社債）
[4] 売買目的有価証券の取得・売却（社債）の勘定口座
[5] 売買目的有価証券の評価替え
[6] 売買目的有価証券の評価替えの勘定口座

学習する用語と勘定

用語：売買目的有価証券・社債・口数・評価替え
勘定：売買目的有価証券勘定・有価証券売却益勘定・有価証券売却損勘定
　　　有価証券評価益勘定・有価証券評価損勘定

[1] 売買目的有価証券の取得・売却（株式）

　株式の取得（購入）が売買目的である場合は，**売買目的有価証券**として他の有価証券と区分し，**売買目的有価証券勘定**で記帳する。

　株式の取得原価は，株式の代価に買入手数料などの付帯費用を含めたものとなる。売却により利益を得た場合は，**有価証券売却益勘定**で記帳し，損失が発生した場合は，**有価証券売却損勘定**で記帳する。

設例18-1

　4月1日，売買目的で株式1,000株を1株260円で購入し，手数料4,000円とともに現金で支払った。

　　　（売買目的有価証券）　264,000　　（現　　　金）　264,000

【売却により利益を得た場合】

　4月8日，4月1日に購入した株式1,000株を，1株当たり300円で売却し，代金は現金で受け取った。

　　　（現　　　金）　300,000　　（売買目的有価証券）　264,000
　　　　　　　　　　　　　　　　　（有価証券売却益）　 36,000

【売却により損失が生じた場合】

　4月8日，4月1日に購入した株式1,000株を1株当たり200円で売却し，代金は現金で受け取った。

　　　（現　　　金）　200,000　　（売買目的有価証券）　264,000
　　　（有価証券売却損）　64,000

［２］売買目的有価証券の取得・売却（株式）の勘定口座

設例18－１による売買目的有価証券勘定と，有価証券売却益勘定・有価証券売却損勘定の勘定口座は次のようになる。

【取得時】

　　　　売買目的有価証券
4／1	264,000		

【売却により利益を得た場合】

　　　　　現　金
4／8	300,000		

　　　　売買目的有価証券　　　　　　　　　　有価証券売却益
4／1	264,000	4／8	264,000			4／8	36,000

【売却により損失が生じた場合】

　　　　　現　金
4／8	200,000		

　　　　売買目的有価証券　　　　　　　　　　有価証券売却損
4／1	264,000	4／8	264,000	4／8	64,000		

[3] 売買目的有価証券の取得・売却（社債）

社債を売買目的で取得（購入）した場合は、**売買目的有価証券**勘定で記帳する。社債の取得原価は、**口数**をもとにした社債の代価に買入手数料などの付帯費用を含めたものとなる。

売却により利益を得た場合は、**有価証券売却益勘定**で記帳し、損失が発生した場合は、**有価証券売却損勘定**で記帳する。

設例18-2

5月1日、売買目的で社債額面1,000,000円を1口100円のところを96円で購入し、代金は現金で支払った（口数は、10,000口）。

（売買目的有価証券）　960,000　　（現　　　金）　960,000

【売却により利益を得た場合】

5月30日、5月1日に購入した社債のすべてを1口98円で売却し、代金は現金で受け取った。

（現　　　金）　980,000　　（売買目的有価証券）　960,000
　　　　　　　　　　　　　　（有価証券売却益）　　20,000

【売却により損失が生じた場合】

5月30日、5月1日に購入した社債のすべてを1口92円で売却し、代金は現金で受け取った。

（現　　　金）　920,000　　（売買目的有価証券）　960,000
（有価証券売却損）　40,000

［4］売買目的有価証券の取得・売却（社債）の勘定口座

設例18-2による売買目的有価証券勘定と，有価証券売却益勘定・有価証券売却損勘定の勘定口座は次のようになる。

【取得時】

```
        売買目的有価証券
5/1    960,000  |
```

【売却により利益を得た場合】

```
          現　金
5/30    980,000  |
```

```
        売買目的有価証券                       有価証券売却益
5/1    960,000  | 5/30    960,000                        | 5/30    20,000
```

【売却により損失が生じた場合】

```
          現　金
5/30    920,000  |
```

```
        売買目的有価証券                       有価証券売却損
5/1    960,000  | 5/30    960,000     5/30    40,000  |
```

［5］売買目的有価証券の評価替え

株式などは市場で売買されているため，その市場価格（時価）は変動する。

保有している株式の取得原価（帳簿価額）は，時価を下回ったり上回ったりすることがある。この場合，株式の帳簿価額を，時価に修正しなければならない。これを，**評価替え**という。

保有している売買目的有価証券の帳簿価額を，時価が上回る場合は**有価証券評価益勘定**で記帳し，時価が下回る場合は**有価証券評価損勘定**で記帳する。

設例18-3

【評価益が得られた場合】

12月31日（決算日），保有している売買目的有価証券1,000株（取得原価は1株当たり200円）につき，時価が1株当たり300円に上昇したため評価替えを行う。

　（売買目的有価証券）　100,000　　（有価証券評価益）　100,000

【評価損が生じた場合】

12月31日（決算日），保有している売買目的有価証券1,000株（取得原価は1株当たり200円）につき，時価が1株当たり180円に下落したため，評価替えを行う。

　（有価証券評価損）　20,000　　（売買目的有価証券）　20,000

[6] 売買目的有価証券の評価替えの勘定口座

　設例18-3による売買目的有価証券勘定と，有価証券評価益勘定・有価証券評価損勘定の勘定口座は次のようになる。

【評価益が得られた場合】

売買目的有価証券			有価証券評価益		
	200,000			12/31	100,000
12/31	100,000				

【評価損が生じた場合】

売買目的有価証券			有価証券評価損		
	200,000	12/31　20,000	12/31	20,000	

講義19 費用および収益の繰延べ

講義にあたって

　費用および収益の繰延べは，当期の会計期間（期中）に支払った費用あるいは受け取った収益が，当期に属するものではなく次期に属するものが含まれている場合は，決算にあたって当期の費用および収益から控除し，次期へ繰り延べることである。

　費用および収益の繰延べは，費用収益対応の原則から，費用および収益の期間対応を適正化するために行う。これらの処理が必要となる理由は，費用の支払いおよび収益の受取りは，その支払いおよび受取りの額に，次期に属するものが含まれていても，その全額を取引に従って記帳するからである。

　費用および収益の繰延べは決算にあたり行うが，繰り延べた費用および収益は，次期に至ると繰り延べた額を戻し入れるための処理を行わなければならない。この戻し入れるための処理を再振替という。繰延べと再振替えの関係性を理解することが重要である。

講義の要点

［1］　繰延べの認識　　　［3］　収益の繰延べ
［2］　費用の繰延べ

学習する用語と勘定

　用語：繰延べ
　勘定：前払費用・前受収益

[1] 繰延べの認識

　費用および収益において繰り延べるべき額は，当期の会計期間（期中）における取引時点から次期に属する取引時点までの期間を，2つに区分して認識しなければならない。

　1つは，当期の会計期間（期中）における取引時点から，決算日までの期間であり，もう1つは決算日から次期に属する取引時点までの期間である。

　繰り延べる額は，決算日から次期に属する取引時点までの期間の額をいう。費用および収益の**繰延べ**を，以下の図で認識すればよい。

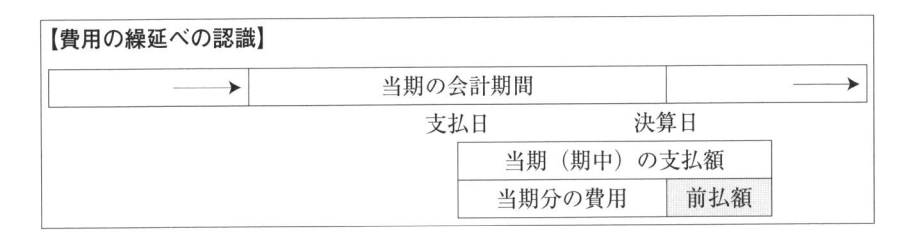

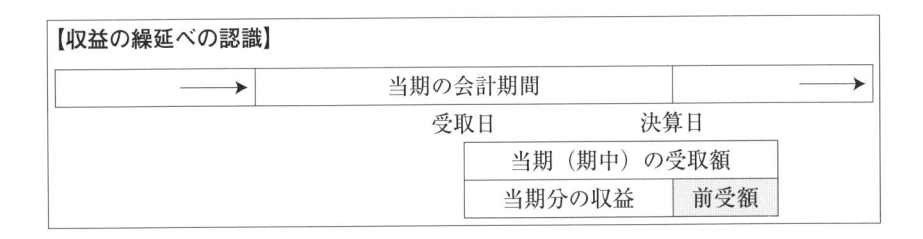

【費用の繰延べの認識】

	当期の会計期間	
	支払日　　　　　　決算日	
	当期（期中）の支払額	
	当期分の費用	前払額

【収益の繰延べの認識】

	当期の会計期間	
	受取日　　　　　　決算日	
	当期（期中）の受取額	
	当期分の収益	前受額

[2] 費用の繰延べ

　費用の繰延べとは，当期の会計期間（期中）において支払った費用に次期の会計期間に属する費用が含まれている場合，次期に属する支払い分は当期の費用とは認識しないことである。

　よって，次期に属する支払い分の額を当期の費用から控除し，次期へ繰り越すための記帳を行う。繰り越すべき費用は，当期の会計期間において前もって支払ったことを意味し，**前払費用勘定**で記帳する。

> **設例19-1**
>
> 1）9月1日，保険料の支払いとして，向こう6ヶ月分18,000円を現金で支払った。
> 　（支払保険料）　18,000　　（現　　金）　18,000
> 2）12月31日，決算にあたり，9月1日に支払った保険料のうち，次期に属する前払分6,000円を繰り延べる。
> 　（前払保険料）　6,000　　（支払保険料）　6,000
> 3）1日1日，繰り延べた前払保険料の再振替を行った。
> 　（支払保険料）　6,000　　（前払保険料）　6,000

＊設例19-1による支払保険料勘定と前払保険料勘定の勘定口座への転記。

【期中仕訳】

	支払保険料（期中）
9/1　18,000	

【決算整理仕訳】

	支払保険料（決算）			前払保険料（決算）
9/1　18,000	12/31　6,000		12/31　6,000	

【再振替仕訳】

	支払保険料（次期）			前払保険料（次期）	
1/1　6,000			1/1 前期繰越 6,000	1/1　6,000	

[3] 収益の繰延べ

　収益の繰延べとは，当期の会計期間（期中）において受け取った収益に，次期の会計期間に属する収益が含まれている場合，次期に属する受取り分は，当期の収益とは認識しないことである。

　よって，次期に属する受取り分の額を当期の収益から控除し，次期へ繰り越すための記帳を行う。繰り越すべき収益は，当期の会計期間において前もって受け取ったことを意味し，**前受収益勘定**で記帳する。

設例19-2

1) 6月1日，賃貸している家屋の家賃として，向こう1年分12,000円を現金で受け取った。
　　（現　　　金）　12,000　　（受 取 家 賃）　12,000
2) 12月31日，決算にあたり，6月1日に受け取った賃貸料のうち，次期に属する前受分5,000円を繰り延べる。
　　（受 取 家 賃）　5,000　　（前 受 家 賃）　5,000
3) 1月1日，繰り延べた前受家賃の再振替えを行った。
　　（前 受 家 賃）　5,000　　（受 取 家 賃）　5,000

＊設例19-2による受取家賃勘定と前受家賃勘定の勘定口座への転記。

【期中仕訳】

	受取家賃（期中）	
	6/1	12,000

【決算整理仕訳】

受取家賃（決算）			前受家賃（決算）	
12/31　5,000	6/1　12,000			12/31　5,000

【再振替仕訳】

受取家賃（次期）		前受家賃（次期）	
	1/1　5,000	1/1　5,000	1/1 前期繰越　5,000

講義20

費用および収益の見越し

講義にあたって

　費用および収益の見越しは，本来は当期の会計期間（期中）に支払うべき費用を未だ支払っていない，あるいは本来は受け取るべき収益を未だ受け取っていなくとも，決算にあたって当期の会計期間の費用および収益として計上することである。費用および収益の支払いおよび受取りが，次期に至ってから行われる取引において認識される。

　費用および収益の見越しは，費用収益対応の原則から，費用および収益の期間対応を適正化するために行う。これらの処理が必要となる理由は，費用の未払いおよび収益の未収はその全額が次期に至るまで取引が行われず記帳もされないからである。

　見越した費用および収益は，次期に至ると見越した額を控除するための処理を行わなければならない。この控除するための処理を再振替えという。見越しと再振替えの関係性を理解することが重要である。

講義の要点

　［1］　見越しの認識　　　［3］　収益の見越し
　［2］　費用の見越し

学習する用語と勘定

　用語：見越し
　勘定：未払費用勘定・未収収益勘定

[1] 見越しの認識

　費用および収益における**見越し**をするべき額は，当期の会計期間（期中）における取引時点から次期に属する取引時点までの期間を，2つに区分して認識しなければならない。

　1つは，当期の会計期間（期中）における取引時点から，決算日までの期間であり，もう1つは決算日から次期に属する取引時点までの期間である。

　見越し額は，当期の会計期間（期中）における取引時点から決算日までの期間の額をいう。費用および収益の見越しを，以下の図で認識すればよい。

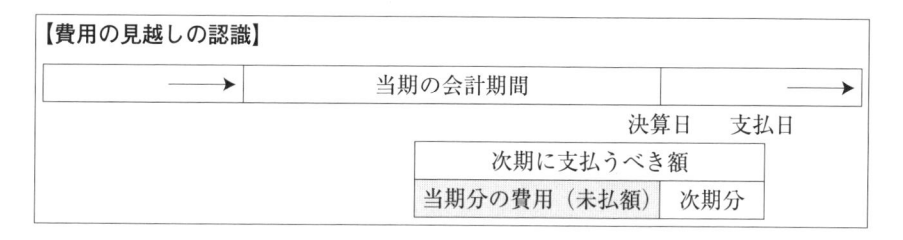

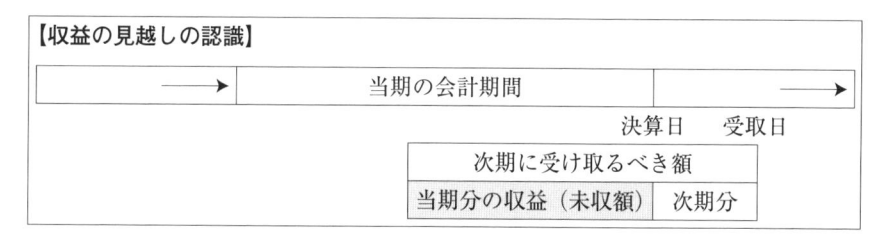

【費用の見越しの認識】

```
　　　────→│　　　当期の会計期間　　　│────→
　　　　　　　　　　　　　　　　　決算日　　支払日
　　　　　　　　　　　　│　次期に支払うべき額　│
　　　　　　　　　　　　│当期分の費用（未払額）│次期分│
```

【収益の見越しの認識】

```
　　　────→│　　　当期の会計期間　　　│────→
　　　　　　　　　　　　　　　　　決算日　　受取日
　　　　　　　　　　　　│　次期に受け取るべき額　│
　　　　　　　　　　　　│当期分の収益（未収額）│次期分│
```

[2] 費用の見越し

費用の見越しは，当期の会計期間（期中）において支払うべき費用を未だ支払っておらず，次期に至ってからその支払いをする場合，当期の会計期間に属する支払うべき費用を，当期の費用として見越し計上しなければならない。

実際に支払ってはいないが，支払ったことにする処理となるため**未払費用勘定**で記帳する。

> **設例20-1**
> 1）12月31日，240,000円を，9月1日に年利10％で利息を1年ごとに支払い，元本を5年後に返済する条件で借り入れているが，決算にあたり当期の会計期間に属する未払分8,000円を見越し計上する。
>   （支 払 利 息）　8,000　　（未 払 利 息）　8,000
> 2）1月1日，未払利息の再振替えを行った。
>   （未 払 利 息）　8,000　　（支 払 利 息）　8,000
> 3）8月31日，1年間分の利息24,000円を現金で支払った。
>   （支 払 利 息）　24,000　　（現　　　金）　24,000

＊設例20-1による支払利息勘定と未払利息勘定の勘定口座への転記。

【決算整理仕訳】

支払利息（決算）		未払利息（決算）	
12/31　8,000			12/31　8,000

【再振替仕訳】

支払利息（次期）		未払利息（次期）	
	1/1　8,000	1/1　8,000	1/1 前期繰越　8,000

【次期仕訳】

支払利息（次期）	
8/31　24,000	1/1　8,000

[3] 収益の見越し

収益の見越しは，当期の会計期間（期中）において受け取るべき収益を，未だ受け取っておらず，次期に至ってからその受取りをする場合，当期の会計期間に属する受け取るべき収益を，当期の収益として見越し計上しなければならない。実際に受け取ってはいないが，受け取ったことにする処理となるため，**未収収益勘定**で記帳する。

設例20-2

1）12月31日，土地を月額1,000円で4月1日に賃貸し，地代の支払いは1年後に受け取る契約であるが，決算にあたり当期の会計期間に属する未収分9,000円を見越し計上する。
　　（未 収 地 代）　9,000　　（受 取 地 代）　9,000
2）1月1日，未収地代の再振替えを行った。
　　（受 取 地 代）　9,000　　（未 収 地 代）　9,000
3）3月31日，1年間分の地代12,000円を，現金で受け取った。
　　（現　　　金）　12,000　　（受 取 地 代）　12,000

＊設例20-2による受取地代勘定と未収地代勘定の勘定口座への転記。

【決算整理仕訳】

受取地代（決算）				未収地代（決算）			
		12/31	9,000	12/31	9,000		

【再振替仕訳】

受取地代（次期）				未収地代（次期）			
1/1	9,000			1/1 前期繰越 9,000		1/1	9,000

【次期仕訳】

受取地代（次期）			
1/1	9,000	3/31	12,000

講義21
現金過不足・引出金・消耗品

講義にあたって

　現金の実際有高と帳簿残高が一致しない場合，その理由が明らかになるまでは，原因不明分の差額を現金過不足勘定で記帳しておく。その後，原因が明らかとなったときに，適切な勘定へ振り替える。しかし，決算において原因が判明しないとき，超過分は雑益勘定で記帳し，不足分は雑損勘定で記帳する。個人商店などの場合，私用目的のために現金を引き出すことがある。引出金は，元手資金の引出しとなり，資本金の減少として資本金勘定へ振り替える。

　消耗品は，購入全額を消耗品費勘定で記帳し，未使用残高を消耗品勘定へ振り替えて資産として繰り越す記帳の方法と，購入全額を消耗品勘定で記帳し，使用高を消耗品費勘定へ振り替えて費用として記帳する方法がある。

講義の要点

[1]　現金過不足の記帳　　　　[3]　引出金の記帳と資本金への振替え
[2]　現金過不足の雑益・雑損　[4]　消耗品の記帳（消耗品費・消耗品）
　　　への振替え

学習する用語と勘定

　用語：実際有高・帳簿残高
　勘定：現金過不足勘定・雑益勘定・雑損勘定・引出金勘定・消耗品費
　　　　勘定・消耗品勘定

［１］現金過不足の記帳

現金の**実際有高**が，**帳簿残高**と一致しないとき，原因が明らかになるまでは，**現金過不足勘定**に記帳しておき，原因が判明したときに適切な勘定へ振り替える。

設例21-1

1）10月12日，現金の帳簿残高が，30,000円であるのに対して，実際有高は32,000円であり，2,000円が超過していることがわかった。
　　　（現　　　金）　2,000　　　（現金過不足）　2,000
2）10月20日，10月12日の超過額の原因は，受取配当金の記帳漏れであることが判明した。
　　　（現金過不足）　2,000　　　（受取配当金）　2,000
3）12月20日，現金の帳簿残高が，50,000円であるのに対して，実際有高は45,000円であり，5,000円が不足していることがわかった。
　　　（現金過不足）　5,000　　　（現　　　金）　5,000
4）12月25日，12月20日の不足額の原因は，支払保険料の記帳漏れであることが判明した。
　　　（支払保険料）　5,000　　　（現金過不足）　5,000

＊設例21-1による現金過不足勘定の勘定口座への転記と振替え。

【実際有高が超過する場合】

現金過不足				受取配当金			
10/20	2,000	10/12	2,000			10/20	2,000

【実際有高が不足する場合】

現金過不足				支払保険料			
12/20	5,000	12/25	5,000	12/25	5,000		

［2］現金過不足の雑益・雑損への振替え

現金過不足勘定に記帳しておいた現金の実際有高と帳簿残高との差額が決算においても原因が判明しないとき，超過分は**雑益勘定**で記帳し，不足分は**雑損勘定**で記帳する。

設例21-2

1) 12月31日，現金の実際有高が12月10日，帳簿有高より3,000円が超過していたため，現金過不足勘定に記帳していたが，決算にあたりその原因が判明しなかったので，雑益勘定へ振り替えた。
  （現金過不足）　3,000　　（雑　　益）　3,000
2) 12月31日，現金の実際有高が12月24日，帳簿有高より1,000円が不足していたため，現金過不足勘定に記帳していたが，決算にあたりその原因が判明しなかったので，雑損勘定へ振り替えた。
  （雑　　損）　1,000　　（現金過不足）　1,000

＊設例21-2による現金過不足勘定の勘定口座への転記と振替え。

【未判明超過額の雑益勘定への振替】

現金過不足				雑　益		
12/31	3,000	12/10	3,000		12/31	3,000

【未判明不足額の雑損勘定への振替】

現金過不足				雑　損		
12/24	1,000	12/31	1,000	12/31	1,000	

［3］引出金の記帳と資本金への振替え

　私用目的のために現金や商品などを引き出したり，流用したりしたとき，その額を**引出金勘定**で記帳しておく。そして，決算にあたって引出金残高を資本金の減少として処理するために，資本金勘定へ振り替える。

設例21-3

1) 10月15日，店主は私用目的のため現金10,000円を引き出した。
　　（引　出　金）10,000　　（現　　　金）10,000
2) 11月20日，店主は私用目的のため商品40,000円を流用した。
　　（引　出　金）40,000　　（仕　　　入）40,000
3) 12月31日，決算にあたり，引出金残高50,000円を振り替えた。
　　（資　本　金）50,000　　（引　出　金）50,000
　※期首の資本金勘定の有高は200,000円とする。

【引出金勘定を使用しない場合】
　　（資　本　金）10,000　　（現　　　金）10,000
　　（資　本　金）40,000　　（仕　　　入）40,000

＊設例21-3による引出金勘定と資本金勘定の勘定口座への転記。

```
                引出金
10/15   10,000 │ 12/31    50,000
11/20   40,000 │
```

```
                資本金
12/31   50,000 │  1/1    200,000
```

[4] 消耗品の記帳（消耗品費・消耗品）

消耗品の記帳では，購入したその全額を**消耗品費勘定**で記帳し，決算にあたって未使用残高がある場合には，その額を**消耗品勘定**へ振り替えて資産として繰り越す記帳の方法と，購入したその全額を消耗品勘定で記帳し，使用高を消耗品費勘定へ振り替えて費用として記帳する方法がある。この場合，未使用残高は，次期へ繰り越される。

設例21-4

【消耗品費勘定で記帳し，未使用残高を消耗品勘定へ振り替えて次期に繰越す場合】
1) 1月1日，消耗品（文房具）20,000円を購入し，現金で支払った。
　　（消耗品費）20,000　　（現　　金）20,000
2) 12月31日，決算にあたり，未使用残高4,000円を次期へ繰り越す。
　　（消　耗　品）4,000　　（消耗品費）4,000

【消耗品勘定で記帳し，使用額を消耗品費勘定へ振り替えて，未使用残高を次期に繰り越す場合】
1) 1月1日，消耗品（文房具）20,000円を購入し，現金で支払った。
　　（消　耗　品）20,000　　（現　　金）20,000
2) 12月31日，決算にあたり，未使用残高4,000円を次期へ繰り越す。
　　（消耗品費）16,000　　（消　耗　品）16,000

＊設例21-4による消耗品費勘定と消耗品勘定の勘定口座への転記。

【消耗品費勘定による場合】

消耗品費（当期の費用）	消耗品（次期繰越）
1/1購入時 20,000 ｜ 12/31　4,000	12/31　4,000

【消耗品勘定による場合】

消耗品費（当期の費用）	消耗品（次期繰越）
12/31　16,000 ｜	1/1購入時 20,000 ｜ 12/31　16,000

講義22

決　算

講義にあたって

　決算とは，会社の一定期間（通常は1年間）における財政状態と経営成績を報告するための手続きである。会社の財政状態と経営成績は，貸借対照表と損益計算書によって表示する。

　貸借対照表と損益計算書を作成するためには，決算日（期末）に，日々の取引を記帳している会計帳簿を，整理・修正・振替え，そして締切りなどを行う一連の手続きが必要となる。この決算を行うための一連の手続きを決算手続きという。

　決算手続きは，決算に際しての手続きをいうが，日々の取引における記帳から，決算を通して貸借対照表と損益計算書を作成するまでの過程を，簿記一巡の手続きと称している。決算においては，仕訳帳と総勘定元帳が会計帳簿として要となる。

講義の要点

[1]　決算手続き　　　　　[3]　仕訳帳
[2]　決算手続きの手順　　[4]　総勘定元帳

学習する用語

決算・決算日／決算予備手続き・決算本手続き／決算整理仕訳

[1] 決算手続き

決算とは，継続する会社の経営活動を，ある時点（**決算日**）で人為的に区切り，その時点における財政状態および経営成績を明らかにするための手続きである。

会社の会計期間は，一般的に1年間としているが，会社の判断により半年，3ヶ月，1ヶ月単位で決算を行うこともある。

決算手続きは，決算予備手続きと決算本手続きに大別することができる。**決算予備手続き**は，会計帳簿の検証，整理・修正を通して，**決算本手続き**へ移行するための事前手続きである。

決算予備手続きのなかで，決算整理（「講義24　決算予備手続き」で詳述）は，会計帳簿の整理・修正を行うための要となる。そして，決算整理に基づき仕訳を行うことを，**決算整理仕訳**という。これは，日々の取引における仕訳とは異なり，決算のための仕訳である。

財政状態および経営成績を明らかにする期間

	会計期間（通常は1年）	
期首		期末（決算日）

【決算手続きにおける帳簿・勘定・計算表】
仕訳帳・総勘定元帳
試算表
棚卸表
精算表
損益勘定
繰越試算表
貸借対照表・損益計算書

※試算表，棚卸表，精算表，損益勘定，繰越試算表，貸借対照表・損益計算書は，個別の講義で詳述する。

[2] 決算手続きの手順

　決算予備手続きと決算本手続きにおける手順を，簡潔に整理すると以下のような手順となる。決算予備手続きと決算本手続きの過程で，諸種の計算表が作成される。

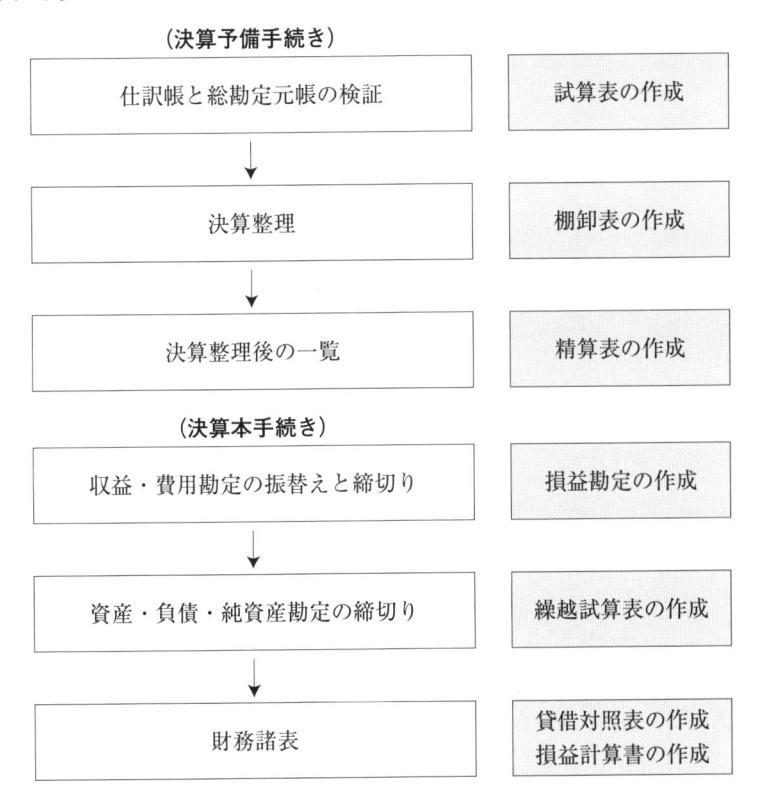

（決算予備手続き）

| 仕訳帳と総勘定元帳の検証 | → | 試算表の作成 |

↓

| 決算整理 | → | 棚卸表の作成 |

↓

| 決算整理後の一覧 | → | 精算表の作成 |

（決算本手続き）

| 収益・費用勘定の振替えと締切り | → | 損益勘定の作成 |

↓

| 資産・負債・純資産勘定の締切り | → | 繰越試算表の作成 |

↓

| 財務諸表 | → | 貸借対照表の作成
損益計算書の作成 |

[3] 仕訳帳

仕訳帳は，日々の取引を，その順に記帳するための帳簿である。仕訳帳は，会計帳簿の作成において起点となるものである。具体的な仕訳帳は，以下のような様式となる。

仕 訳 帳　　　1

日付		摘　　要	元丁	借　方	貸　方
1	1	（現　　金）	1	1,000,000	
		（資　本　金）	7		1,000,000
		営業開始			
2	2	（備　　品）	4	250,000	
		（現　　金）	1		250,000
		備品購入			
3	5	（仕　　入）	9	500,000	
		（買　掛　金）	5		500,000
		商品仕入れ			
4	9	（売　掛　金）	3	300,000	
		（売　　上）	8		300,000
		商品販売			
5	10	（発　送　費）	10	5,000	
		（現　　金）	1		5,000
		商品の発送			
6	13	（売　掛　金）	3	180,000	
		（売　　上）	8		180,000
		商品販売			
7	16	（当座預金）	2	800,000	
		（借　入　金）	6		800,000
		銀行から借入			
8	20	（買　掛　金）	5	250,000	
		（当座預金）	2		250,000
		買掛金の支払い			
9	25	（支払家賃）	11	30,000	
		（現　　金）	1		30,000

10	26	家賃の支払い （当座預金）		2	300,000	
		（売　掛　金）		3		300,000
		売掛金の回収				
11	27	（給　　料）		12	120,000	
		（当座預金）		2		120,000
		給料の支払い				
12	30	（水道光熱費）		13	10,000	
		（現　　金）		1		10,000
		水道光熱費の支払い				

[4] 総勘定元帳

　総勘定元帳は，仕訳帳に記帳された各勘定科目を，勘定科目別に整理するための帳簿である。

　仕訳帳では，煩雑に仕訳が記帳されているため，ある特定の勘定科目の増減を即座に把握するのは困難である。総勘定元帳では，個々の勘定科目ごとに増減を転記するための勘定口座を設け，勘定口座に転記されている借方・貸方を合計および差し引きすれば，その勘定の増減および残額が把握できるという仕組みを設けていることが特徴である。

　総勘定元帳における勘定口座と仕訳帳との関係は，以下の形式となっている。

仕　訳　帳　　　　　　　　　　　ページ

日付	摘　　要	元丁	借　方	貸　方

↓（転記）

勘定口座（勘定科目）　　　　　　　口座番号

日付	摘要	仕丁	借　方	日付	摘要	仕丁	貸　方

　具体的な総勘定元帳は，次ページのような様式となる。

総勘定元帳

現　金　　　　1

日付		摘　　要	仕丁	借　方	日付		摘　　要	仕丁	貸　方
1	1	資本金	1	1,000,000	2	2	備　品	1	250,000
					5	10	発送費	〃	5,000
					9	25	支払家賃	〃	30,000
					12	30	水道光熱費	〃	10,000

当座預金　　　　2

日付		摘　　要	仕丁	借　方	日付		摘　　要	仕丁	貸　方
7	16	借入金	1	800,000	8	20	買掛金	1	250,000
10	26	売掛金	〃	300,000	11	27	給　料	〃	120,000

売掛金　　　　3

日付		摘　　要	仕丁	借　方	日付		摘　　要	仕丁	貸　方
4	9	売　上	1	300,000	10	26	当座預金	1	300,000
6	13	売　上	〃	180,000					

備　品　　　　4

日付		摘　　要	仕丁	借　方	日付		摘　　要	仕丁	貸　方
2	2	現　金	1	250,000					

買掛金　　　　5

日付		摘　　要	仕丁	借　方	日付		摘　　要	仕丁	貸　方
8	20	当座預金	1	250,000	3	5	仕　入	1	500,000

借入金　　　　6

日付		摘　　要	仕丁	借　方	日付		摘　　要	仕丁	貸　方
					7	16	当座預金	1	800,000

資本金　7

日付		摘　要	仕丁	借　方	日付		摘　要	仕丁	貸　方
					1	1	現　金	1	1,000,000

売　上　8

日付		摘　要	仕丁	借　方	日付		摘　要	仕丁	貸　方
					4	9	売掛金	1	300,000
					6	13	売掛金	〃	180,000

仕　入　9

日付		摘　要	仕丁	借　方	日付		摘　要	仕丁	貸　方
3	5	買掛金	1	500,000					

発送費　10

日付		摘　要	仕丁	借　方	日付		摘　要	仕丁	貸　方
5	10	現　金	1	5,000					

支払家賃　11

日付		摘　要	仕丁	借　方	日付		摘　要	仕丁	貸　方
9	25	現　金	1	30,000					

給　料　12

日付		摘　要	仕丁	借　方	日付		摘　要	仕丁	貸　方
11	27	当座預金	1	120,000					

水道光熱費　13

日付		摘　要	仕丁	借　方	日付		摘　要	仕丁	貸　方
12	30	現　金	1	10,000					

講義23
決算予備手続き
（試算表の作成）

講義にあたって

　決算予備手続きでは，日々の取引を記帳している仕訳帳と，その転記が行われている総勘定元帳のいずれもが，正しく記帳されているかどうかをまず検証することが必要である。

　仕訳帳と総勘定元帳は，決算手続きの起点となるため，その正確性が確保されていなければならない。仕訳帳と総勘定元帳の検証は，試算表を作成することで可能となる。

　試算表による検証は，借方・貸方の貸借金額を，貸借平均の原理によって確認することであり，仕訳の誤りなどを発見することではない。貸借の金額が一致している限りにおいて，仕訳の誤りや誤記，欠落などを明らかにすることはできない。

講義の要点

[1] 試算表の役割　　　　[3] 試算表の仕組み
[2] 試算表の種類と様式　[4] 試算表の作成（残高試算表）

学習する用語

試算表／合計試算表／残高試算表／合計残高試算表

[1] 試算表の役割

試算表とは，日々の取引を記帳している仕訳帳から，総勘定元帳への転記における一連の手続きが，正しく行われているかどうかを確認するための計算表である。

仕訳においては，貸借平均の原理により，借方の合計金額と貸方の合計金額とが一致することを前提としているため，仕訳されたすべての勘定科目の借方合計金額と，貸方合計金額が同額になるはずである。

しかし，試算表の作成によっても，貸借の金額が一致している限りにおいて，仕訳の誤りや記帳漏れを明らかにすることはできない。あくまでも，記帳・転記の過程における金額記入における誤りを明らかにすることしかできない。

試算表によって，記帳・転記における誤りが明らかになれば，仕訳帳と総勘定元帳を照合し，その誤りを正さなければならない。

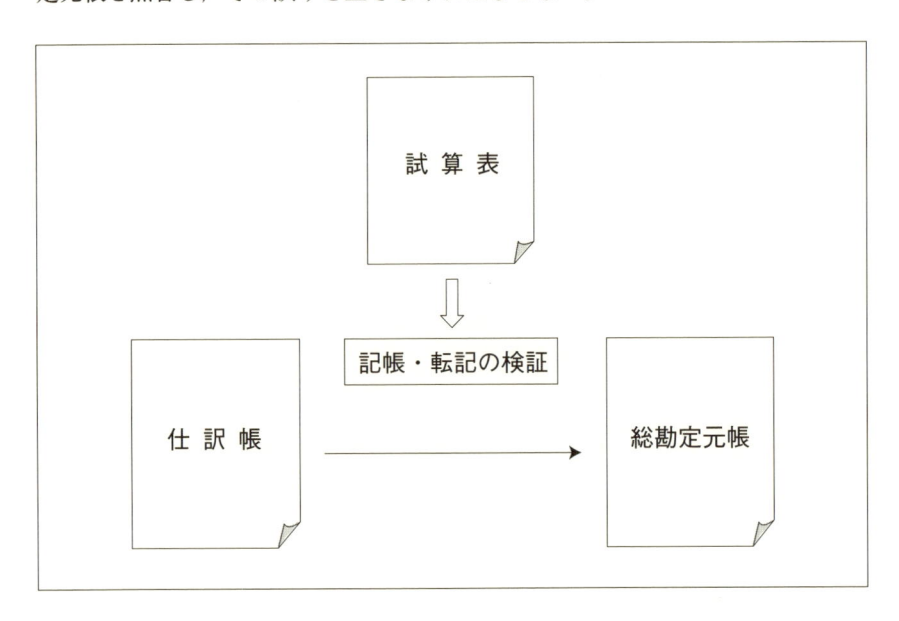

```
           ┌─────────┐
           │  試 算 表  │
           └─────────┘
                 ↓
           ┌─────────┐
           │記帳・転記の検証│
           └─────────┘
┌─────────┐              ┌─────────┐
│  仕 訳 帳  │ ──────────→ │ 総勘定元帳 │
└─────────┘              └─────────┘
```

[2] 試算表の種類と様式

　試算表には3つの様式がある。合計試算表と残高試算表，そして合計残高試算表の3つである。**合計試算表**は，総勘定元帳の借方合計金額と貸方合計金額を一覧表にしたものであり，**残高試算表**は，総勘定元帳の借方残高と貸方残高を一覧表にしたものである。そして，**合計残高試算表**は，総勘定元帳の借方合計金額と貸方合計金額ならびに総勘定元帳の借方残高と貸方残高の両方を一覧表にしたものである。

　3つの試算表は，それぞれ以下の様式となる。

合計試算表
平成××年×月×日

借　方	勘定科目	貸　方

残高試算表
平成××年×月×日

借　方	勘定科目	貸　方

合計残高試算表
平成××年×月×日

借　方		勘定科目	貸　方	
残　高	合　計		合　計	残　高

[3] 試算表の仕組み

合計試算表と残高試算表，そして合計残高試算表の３つの関係を示すと，次のようになる。

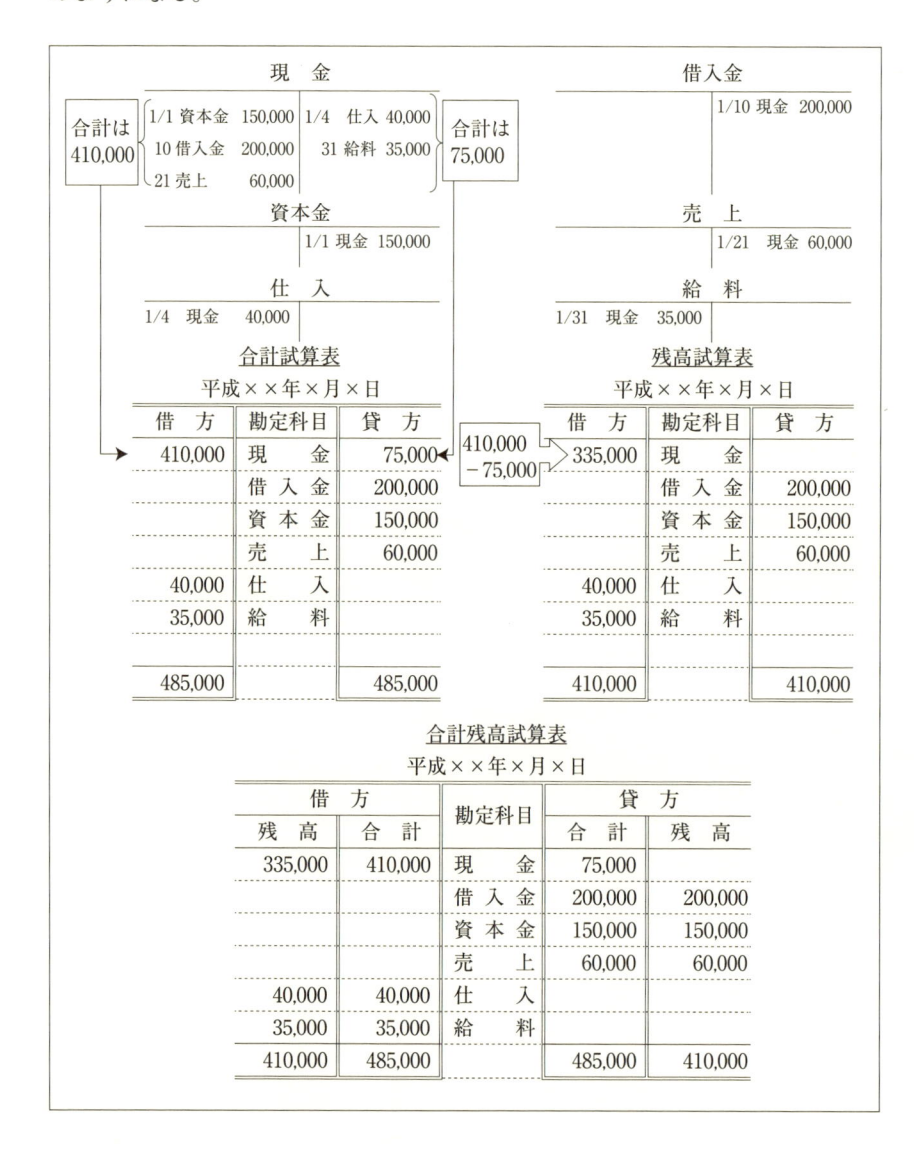

```
         現  金                              借入金
合計は  1/1 資本金 150,000 | 1/4 仕 入 40,000   合計は         1/10 現金 200,000
410,000 10 借入金 200,000 | 31 給料 35,000    75,000
         21 売上   60,000 |

         資本金                              売 上
              1/1 現金 150,000                          1/21 現金 60,000

         仕 入                               給 料
 1/4 現金 40,000                    1/31 現金 35,000
```

合計試算表
平成××年×月×日

借 方	勘定科目	貸 方
410,000	現　　金	75,000
	借入金	200,000
	資本金	150,000
	売　　上	60,000
40,000	仕　　入	
35,000	給　　料	
485,000		485,000

410,000 − 75,000 →

残高試算表
平成××年×月×日

借 方	勘定科目	貸 方
335,000	現　　金	
	借入金	200,000
	資本金	150,000
	売　　上	60,000
40,000	仕　　入	
35,000	給　　料	
410,000		410,000

合計残高試算表
平成××年×月×日

借 方		勘定科目	貸 方	
残 高	合 計		合 計	残 高
335,000	410,000	現　　金	75,000	
		借入金	200,000	200,000
		資本金	150,000	150,000
		売　　上	60,000	60,000
40,000	40,000	仕　　入		
35,000	35,000	給　　料		
410,000	485,000		485,000	410,000

［4］試算表の作成（残高試算表）

試算表の3つの様式のなかで，決算手続きにおいて必要となる金額は，借方・貸方の残高である。

残高試算表における借方・貸方の残高は，「講義25　決算予備手続き（精算表の作成）」で詳述する精算表で用いられる。

設例23-1

「講義22　決算」の総勘定元帳から，残高試算表を作成する。

残高試算表
平成××年12月31日　　　　（単位：円）

借　　方	勘定科目	貸　　方
705,000	現　　　　　金	
730,000	当　座　預　金	
180,000	売　　掛　　金	
250,000	備　　　　　品	
	買　　掛　　金	250,000
	借　　入　　金	800,000
	資　　本　　金	1,000,000
	売　　　　　上	480,000
500,000	仕　　　　　入	
5,000	発　　送　　費	
30,000	支　払　家　賃	
120,000	給　　　　　料	
10,000	水　道　光　熱　費	
2,530,000		2,530,000

講義24
決算予備手続き
（棚卸表の作成）

講義にあたって

　日々の取引を順に記録しているだけの仕訳帳や総勘定元帳，ならびに，それを基に作成される試算表では，現金の過不足や商品の紛失・減耗などの実態を明らかにすることはできない。また，決算に際して，特有の行うべき取引があり，当然，その特有の取引は仕訳帳や総勘定元帳には記帳されていない。

　よって，決算にあたっては，行うべき取引の事項を整理し，それを一覧表としてまとめることが必要となる。このような一覧表を，棚卸表といい，一覧表にまとめる手続きを決算整理という。

　決算整理事項として，商品の販売における売上原価の計算や貸倒引当金の設定，そして固定資産の減価償却費の計上，さらに売買目的有価証券の評価替え，収益・費用の繰延べと見越し，現金過不足の調整，引出金の振替え，消耗品費の計上と繰越しなどがある。

講義の要点

［1］　棚卸表の様式　　　［3］　棚卸表の作成
［2］　決算整理事項

学習する用語

棚卸表／決算整理・決算整理事項

[1] 棚卸表の様式

　棚卸表は，決算にあたって行うべき取引の事項を整理し，それを一覧表としてまとめたものである。

　決算にあたって，行うべき取引の事項を整理することを**決算整理**といい，整理された行うべき事項を**決算整理事項**という。決算整理事項は，決算整理仕訳を通して仕訳帳と総勘定元帳に記帳される。棚卸表は，以下のような様式となっている。

棚　卸　表
平成××年×月×日

勘定科目	摘　要	内　訳	金　額

[2] 決算整理事項

[売上原価の計算]

決算において，当期純利益を算出するためには，売上原価を計算する必要がある。売上原価は，仕入勘定で計算する場合と，売上原価勘定で計算する場合があるが，一般的には仕入勘定で計算する。

仕入勘定で計算する場合，期首商品棚卸高である繰越商品勘定を仕入勘定に振り替えて加算し，期末商品棚卸高を仕入勘定から繰越商品勘定へ振り替えて減算すれば，仕入勘定の残高は売上原価の金額となる。

> 売上原価＝期首商品棚卸高＋当期商品仕入高－期末商品棚卸高

【仕入勘定で計算する場合】

① 期首商品棚卸高である繰越商品勘定を仕入勘定へ振り替える。
　　　　　　　（仕　　入）　××　　（繰越商品）　××
② 期末商品棚卸高を仕入勘定より繰越商品勘定へ振り替える。
　　　　　　　（繰越商品）　××　　（仕　　入）　××

【売上原価勘定で計算する場合】

① 期首商品棚卸高である繰越商品勘定を売上原価勘定へ振り替える。
　　　　　　　（売上原価）　××　　（繰越商品）　××
② 当期商品仕入高を仕入勘定より売上原価勘定へ振り替える。
　　　　　　　（売上原価）　××　　（仕　　入）　××
③ 期末商品棚卸高を売上原価勘定より繰越商品勘定へ振り替える。
　　　　　　　（繰越商品）　××　　（売上原価）　××

※「講義7　商品売買」を参照。

[貸倒引当金の設定]

売掛金や受取手形などの債権は，貸倒れの可能性があることから，決算においては期末残高に対して，貸倒引当金を設定する必要がある。貸倒引当金の設

定には，差額補充法と洗替法がある。
※「講義14　貸倒引当金の設定」・「講義15　貸倒引当金の残高設定」を参照。

[減価償却費の計上]

　固定資産（有形固定資産）は，物質的減価と機能的減価が認められその価値が減少する。決算において，固定資産の価値減少額を計算し，それを減価償却費として計上し，価値を評価・修正しなければならない。減価償却費の計算方法には定額法や定率法などがあり，仕訳方法として直接法と間接法がある。
※「講義16　有形固定資産の取得と減価償却」，「講義17　減価償却費の記帳と有形固定資産の売却・除却」を参照。

[売買目的有価証券の評価替え]

　決算において，保有している売買目的有価証券の帳簿価額が時価と異なる場合，帳簿価額を時価へ評価替え（修正）する必要がある。売買目的有価証券における帳簿価額と時価の評価替えによって生じる差額は，有価証券評価益あるいは有価証券評価損として計上する。
※「講義18　有価証券の取得・売却・評価替え」を参照。

[費用・収益の繰延べ・見越し]

　決算において，費用収益対応の原則により，会計期間に正しく収益と費用を対応させなければならない。正しく収益と費用を対応させるためには，繰延べ・見越しの手続きが必要である。
※「講義19　費用および収益の繰延べ」，「講義20　費用および収益の見越し」を参照。

[現金過不足・引出金・消耗品の処理]

　決算において，現金の帳簿残高が実際有高と一致しない場合には，現金の帳簿残高を実際有高に修正しなければならない。引出金がある場合は，資本金勘定を修正し，また，消耗品については，消費額と未消費額を適切に計上しなければならない。
※「講義21　現金過不足・引出金・消耗品」を参照。

［3］ 棚卸表の作成

決算整理事項を，一覧表としてまとめたものが棚卸表である。

設例24-1

以下の決算整理事項により棚卸表を作成する。
1）期首商品棚卸高はなく，当期商品仕入高は500,000円であり，期末商品棚卸高は300,000である。なお，期末商品棚卸高については，A商品100個＠1,200円とB商品360個＠500円である。売上原価は仕入勘定で計算する。
2）現金の期末の帳簿残高は705,000円で，実際有高は700,000円である。
3）売掛金の期末残高は180,000円であり，債権に対して3％の貸倒引当金を設定する（差額補充法，期末貸倒引当金残高はない）。
4）備品の取得原価は250,000円で，耐用年数は9年，残存価額は取得原価の10％，減価償却費は25,000円である（間接法）。
5）支払家賃30,000円のうち，15,000円分は次期に属する。
6）当期分の利息5,000円は未払いである。

棚 卸 表
平成××年12月31日　　　　　　　（単位：円）

勘定科目	摘　要	内　訳	金　額
現　　金	帳簿残高	705,000	
	不足額	5,000	700,000
商　　品	A商品　100個＠1,200	120,000	
	B商品　360個＠500	180,000	300,000
売　掛　金	期末残高	180,000	
	貸倒引当金（残高の3％）	5,400	174,600
備　　品	取得原価	250,000	
	当期減価償却額	25,000	225,000
前 払 家 賃	家賃前払高		15,000
未 払 利 息	利息未払高		5,000

決算整理仕訳は次のとおりである。

（繰 越 商 品）	300,000	（仕　　　　入）	300,000
（雑　　　　損）	5,000	（現　　　　金）	5,000
（貸倒引当金繰入）	5,400	（貸 倒 引 当 金）	5,400
（減 価 償 却 費）	25,000	（減価償却累計額）	25,000
（前 払 家 賃）	15,000	（支 払 家 賃）	15,000
（支 払 利 息）	5,000	（未 払 利 息）	5,000

講義25
決算予備手続き
（精算表の作成）

講義にあたって

　精算表とは，総勘定元帳における各勘定科目の勘定残高をもとに貸借対照表および損益計算書作成までの手続きを一覧表で表示するものである。棚卸表により，決算整理事項がある場合には，決算整理仕訳が精算表の修正記入欄に記されることになる。

　精算表の作成における手順は，仕訳帳と総勘定元帳を試算表によって検証した後，各勘定科目の勘定残高を精算表の試算表欄へ記入し，決算整理事項がある場合には決算整理仕訳による修正金額を修正記入欄へ転記する。そして，試算表欄の勘定残高に，修正記入欄に転記した修正金額を加減して，帳簿上の残高を実際の残高に一致させる。

　精算表の作成は，決算本手続きへの移行に向けて，相当程度に役立つ一覧表として認識できる。精算表によって，貸借対照表と損益計算書が明らかになるが，正式なものではない。

講義の要点

[1] 精算表の仕組み　　　[3] 精算表の作成手順
[2] 精算表の種類と様式　[4] 精算表の作成

学習する用語

精算表／6桁精算表／8桁精算表

[1] 精算表の仕組み

精算表では，仕訳帳と総勘定元帳を試算表によって検証した後，各勘定科目の勘定残高を精算表の試算表欄へ記入し，また，決算整理事項がある場合には決算整理仕訳による修正金額を修正記入欄へ転記する。試算表欄に記入した勘定残高に対して，修正記入欄に転記した修正金額を加減すれば，帳簿上の残高と実際の残高が一致することになる。

決算において，帳簿残高が実際残高へ正しく修正されると，次のような等式が成立する。

$$期末資産＋総費用＝期末負債＋期首純資産＋総収益$$

収益の勘定残高を合計した総収益から，費用の勘定残高を合計した総費用を控除（差引き）すれば，当期純利益が計算できる。そして，当期純利益は期首純資産と期末純資産の差額でもあることから，等式を分解すると以下の等式が成立する。すなわち，貸借対照表と損益計算書の関係をいう。

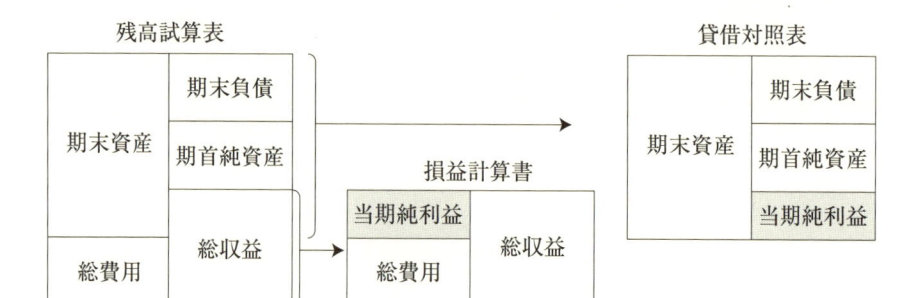

$$期末資産－（期末負債＋期首純資産）＝当期純利益$$

$$総収益－総費用＝当期純利益$$

残高試算表			損益計算書		貸借対照表	
期末資産	期末負債				期末資産	期末負債
	期首純資産					期首純資産
総費用	総収益		当期純利益	総収益		当期純利益
			総費用			

[2] 精算表の種類と様式

　精算表は，その桁数により分類することができる。精算表には，6桁精算表や8桁精算表，10桁精算表などがある。一般的には，6桁精算表と8桁精算表が用いられる。

　6桁精算表は試算表欄と損益計算表欄および貸借対照表欄から構成され，**8桁精算表**は6桁精算表に修正記入欄が設けられている。

　6桁精算表と8桁精算表は，以下のような様式となっている。

6桁精算表
平成××年×月×日

勘定科目	試算表		損益計算書		貸借対照表	
	借方	貸方	借方	貸方	借方	貸方

8桁精算表

平成××年×月×日

勘定科目	試算表		修正記入		損益計算書		貸借対照表	
	借方	貸方	借方	貸方	借方	貸方	借方	貸方

[3] 精算表の作成手順

精算表は，以下の手順で作成される。

| ① | 残高試算表の各勘定残高を試算表欄へ記入する。 |

↓

| ② | 修正記入欄に決算整理仕訳による修正金額を転記する。 |

↓

| ③ | 試算表欄の残高に対して，修正記入欄に転記された修正金額を加減し，損益計算書欄と貸借対照表欄へ移記する。 |

↓

| ④ | 損益計算書欄と貸借対照表欄の貸借差額を計算し，当期純利益あるいは当期純損失とする。 |

↓

| ⑤ | 損益計算書欄と貸借対照表欄を締め切る。 |

[4] 精算表の作成

精算表の試算表欄には決算整理前の各勘定科目の勘定残高を記入し，修正記入欄には決算整理仕訳による修正金額を転記する。試算表欄の残高に対して，修正記入された修正金額を加減することで，帳簿残高を実際残高へと一致させる。その後，損益計算書欄と貸借対照表欄へ移記する。

設例25-1

設例24-1の決算整理事項における決算整理仕訳は次のようになる。これらを精算表の修正記入欄に修正金額を転記し，精算表を作成する。

（繰越商品）	300,000	（仕　　入）	300,000
（雑　　損）	5,000	（現　　金）	5,000
（貸倒引当金繰入）	5,400	（貸倒引当金）	5,400
（減価償却費）	25,000	（減価償却累計額）	25,000
（前払家賃）	15,000	（支払家賃）	15,000
（支払利息）	5,000	（未払利息）	5,000

精 算 表
平成××12月31日
（単位：円）

勘定科目	試算表 借方	試算表 貸方	修正記入 借方	修正記入 貸方	損益計算書 借方	損益計算書 貸方	貸借対照表 借方	貸借対照表 貸方
現　　　　金	705,000			5,000			700,000	
当 座 預 金	730,000						730,000	
売　掛　金	180,000						180,000	
備　　　　品	250,000						250,000	
買　掛　金		250,000						250,000
借　入　金		800,000						800,000
資　本　金		1,000,000						1,000,000
売　　　　上		480,000				480,000		
仕　　　　入	500,000		300,000	200,000				
発　送　費	5,000				5,000			
支 払 家 賃	30,000			15,000	15,000			
給　　　　料	120,000				120,000			
水 道 光 熱 費	10,000				10,000			
	2,530,000	2,530,000						
繰 越 商 品			300,000				300,000	
雑　　　損			5,000		5,000			
貸倒引当金繰入			5,400		5,400			
貸倒引当金				5,400				5,400
減価償却費			25,000		25,000			
減価償却累計額				25,000				25,000
前 払 家 賃			15,000				15,000	
支 払 利 息			5,000		5,000			
未 払 利 息				5,000				5,000
当期純（利益）					89,600			89,600
			355,400	355,400	480,000	480,000	2,175,000	2,175,000

講義26
決算本手続き
（損益勘定の作成と収益・費用勘定の締切り）

講義にあたって

　決算予備手続きの後，次いで決算本手続きに移行する。決算本手続きは，会計帳簿を締め切り，損益計算書と貸借対照表を作成するまでの手続きである。

　決算本手続きの方法として，英米式決算法と大陸式決算法があるが，英米式決算法が一般的である。英米式決算法は，大陸式決算法より簡便な方法として認識されている。英米式決算法を採用する場合は，総勘定元帳に「損益」という集合勘定を新たに設け，収益の各勘定残高と費用の各勘定残高を振り替えて，当期純利益あるいは当期純損失を計算する。

　収益の各勘定残高と費用の各勘定残高を，損益勘定へ振り替えた後に各勘定を締め切る。収益の各勘定残高と費用の各勘定残高を，損益勘定へ振り替えることを決算振替仕訳という。

講義の要点

[1]　決算振替仕訳の体系（英米式決算法）　　[3]　収益・費用勘定の締切り
[2]　決算振替仕訳　　　　　　　　　　　　　[4]　損益勘定の締切り

学習する用語と勘定

　　　用語：英米式決算法／決算振替仕訳

　　　勘定：損益勘定

［１］決算振替仕訳の体系（英米式決算法）

英米式決算法は，総勘定元帳に「損益」という集合勘定を設け，収益の各勘定残高と費用の各勘定残高をそこに振り替えて，当期純利益あるいは当期純損失を計算する。収益の各勘定残高と費用の各勘定残高を，損益勘定へ振り替えることを**決算振替仕訳**という。

決算振替仕訳の体系は，次のように示すことができる。

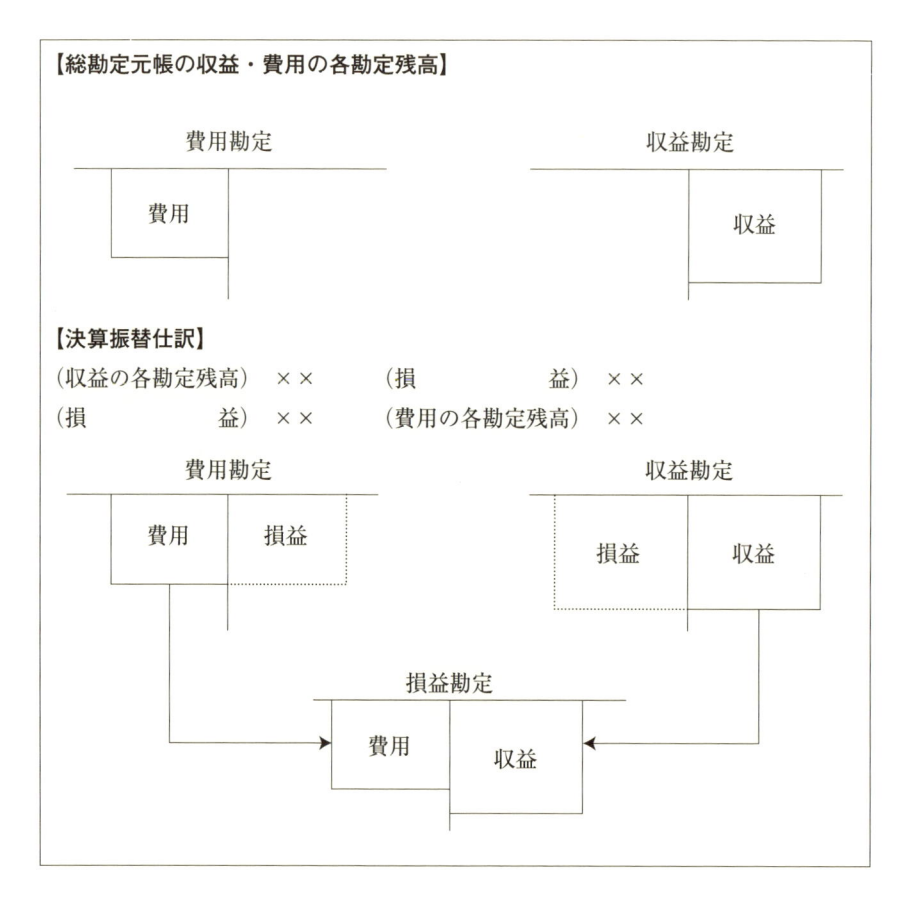

【総勘定元帳の収益・費用の各勘定残高】

```
     費用勘定                    収益勘定
   ┌─────┐                    ┌─────┐
   │ 費用 │                         │ 収益 │
   └─────┘                    └─────┘
```

【決算振替仕訳】

| （収益の各勘定残高） | ×× | （損　　益） | ×× |
| （損　　益） | ×× | （費用の各勘定残高） | ×× |

```
     費用勘定                    収益勘定
   ┌─────┬─────┐          ┌─────┬─────┐
   │ 費用 │ 損益 │              │ 損益 │ 収益 │
   └─────┴─────┘          └─────┴─────┘
              損益勘定
          ┌─────┬─────┐
          │ 費用 │ 収益 │
          └─────┴─────┘
```

[2] 決算振替仕訳

総勘定元帳に,「損益」という集合勘定を設け,収益の各勘定残高と費用の各勘定残高を,そこへ振り替えるために決算振替仕訳を行う。

損益勘定へ振り替える収益の勘定は,すべて損益勘定の貸方へ振り替えられる。そして,損益勘定へ振り替える費用の勘定は,すべて損益勘定の借方へ振り替えられる。

設例26-1

決算整理後における収益の各勘定残高と費用の各勘定残高を,決算振替仕訳によって損益勘定へ振り替える。
※決算整理後残高は,次ページの総勘定元帳を参照のこと。

(売　　　上)	480,000	(損　　　益)	480,000
(損　　　益)	200,000	(仕　　　入)	200,000
(損　　　益)	5,000	(発　送　費)	5,000
(損　　　益)	15,000	(支 払 家 賃)	15,000
(損　　　益)	120,000	(給　　　料)	120,000
(損　　　益)	10,000	(水 道 光 熱 費)	10,000
(損　　　益)	5,000	(雑　　　損)	5,000
(損　　　益)	5,400	(貸倒引当金繰入)	5,400
(損　　　益)	25,000	(減 価 償 却 費)	25,000
(損　　　益)	5,000	(支 払 利 息)	5,000

損益勘定で計算された当期純利益を,資本金勘定に振り替える。

(損　　　益)	89,600	(資　本　金)	89,600

［3］収益・費用勘定の締切り

　決算振替仕訳後における収益勘定・費用勘定の締切りは，次のような形態となる。収益勘定・費用勘定の締切りによって，勘定の役目を終了する。次期に至ると，取引に応じた新たな勘定が設けられる。

売　　　上　　　　　　　　　　　8

日付		摘要	仕丁	借　方	日付		摘要	仕丁	貸　方
12	31	損　益	1	480,000	4	9	売掛金	1	300,000
					6	13	売掛金	〃	180,000
				480,000					480,000

仕　　　入　　　　　　　　　　　9

日付		摘要	仕丁	借　方	日付		摘要	仕丁	貸　方
3	5	買掛金	1	500,000	12	31	繰越商品	1	300,000
						〃	損　益	〃	200,000
				500,000					500,000

発　送　費　　　　　　　　　　10

日付		摘要	仕丁	借　方	日付		摘要	仕丁	貸　方
5	10	現　金	1	5,000	12	31	損　益	1	5,000

支払家賃　　　　　　　　　　　11

日付		摘要	仕丁	借　方	日付		摘要	仕丁	貸　方
9	25	現　金	1	30,000	12	31	前払家賃	1	15,000
						〃	損　益	〃	15,000
				30,000					30,000

給　　料　　　　　　　　　　　12

日付		摘要	仕丁	借　方	日付		摘要	仕丁	貸　方
11	27	当座預金	1	120,000	12	31	損　益	1	120,000

水道光熱費　13

日付	摘要	仕丁	借方	日付	摘要	仕丁	貸方
12 30	現　金	1	10,000	12 31	損　益	1	10,000

雑　損　15

日付	摘要	仕丁	借方	日付	摘要	仕丁	貸方
12 31	現　金	1	5,000	12 31	損　益	1	5,000

貸倒引当金繰入　16

日付	摘要	仕丁	借方	日付	摘要	仕丁	貸方
12 31	貸倒引当金	1	5,400	12 31	損　益	1	5,400

減価償却費　17

日付	摘要	仕丁	借方	日付	摘要	仕丁	貸方
12 31	減価償却累計額	1	25,000	12 31	損　益	1	25,000

支払利息　18

日付	摘要	仕丁	借方	日付	摘要	仕丁	貸方
12 31	未払利息	1	5,000	12 31	損　益	1	5,000

[4] 損益勘定の締切り

決算振替仕訳により，収益勘定・費用勘定の残高を損益勘定に振り替え，当期純利益あるいは当期純損失を計算し，それを資本金勘定へ振り替えた後に，損益勘定を締め切る。

損益勘定の締切りの後，決算における役目を終了する。

損益勘定の新たな設置は，次期の決算まで持ち越される。

設例26-2

設例26-1により，損益勘定の残高を資本金勘定へ振り替えて，損益勘定を締め切る。

損　益　23

日付		摘　要	仕丁	借　方	日付		摘　要	仕丁	貸　方
12	31	仕　入	1	200,000	12	31	売　上	1	480,000
	〃	発送費	〃	5,000					
	〃	支払家賃	〃	15,000					
	〃	給　料		120,000					
	〃	水道光熱費		10,000					
	〃	雑　損		5,000					
	〃	貸倒引当金繰入		5,400					
	〃	減価償却費		25,000					
	〃	支払利息		5,000					
	〃	資本金	〃	89,600					
				480,000					480,000

講義27
決算本手続き
(資産・負債・純資産勘定の締切りと繰越試算表の作成)

講義にあたって

英米式決算法では，決算本手続きにおいて収益勘定と費用勘定における勘定残高を，損益勘定に振り替えた後に収益勘定と費用勘定を締め切るが，資産勘定，負債勘定および純資産勘定については，決算における振替仕訳は行わない。資産勘定，負債勘定および純資産勘定を，直接に締め切る。

資産勘定・負債勘定・純資産勘定を締め切り，その記帳が正しく行われているかどうかを検証するために，繰越試算表を作成する。繰越試算表を作成して，1つでも帳簿の締切り手続きに誤りがあれば，結果として貸借対照表と損益計算書が正確に作成されないことになる。

繰越試算表は，財務諸表である貸借対照表を作成するにあたり，参照すべき試算表となる。

講義の要点

［1］ 資産・負債・純資産勘定の締切り
［2］ 繰越試算表の作成
［3］ 仕訳帳の締切り

学習する用語

次期繰越／前期繰越／繰越試算表

[1] 資産・負債・純資産勘定の締切り

英米式決算法では，総勘定元帳における資産勘定，負債勘定および純資産勘定の締切りにおいては，決算振替仕訳をすることなく直接に勘定を締め切る。

各勘定における借方と貸方の差額（勘定残高）を，「**次期繰越**」と朱記して勘定を締め切り，併せて「次期繰越」として記した勘定残高を，次期の会計期間に繰り延べるために「**前期繰越**」として黒字で記入する。

設例27-1

以下の資産勘定，負債勘定および純資産勘定の総勘定元帳を締め切る。

現　金　　　　　　1

日付		摘　要	仕丁	借　方	日付		摘　要	仕丁	貸　方
1	1	資本金	1	1,000,000	2	2	備　品	1	250,000
					5	10	発送費	〃	5,000
					9	25	支払家賃	〃	30,000
					12	30	水道光熱費	〃	10,000
						31	雑　損	〃	5,000
						〃	次期繰越	✓	700,000
				1,000,000					1,000,000
1	1	前期繰越	✓	700,000					

当座預金　　　　　2

日付		摘　要	仕丁	借　方	日付		摘　要	仕丁	貸　方
7	16	借入金	1	800,000	8	20	買掛金	1	250,000
10	26	売掛金	〃	300,000	11	27	給　料	〃	120,000
					12	31	次期繰越	✓	730,000
				1,100,000					1,100,000
1	1	前期繰越	✓	730,000					

売掛金　　　　　　3

日付		摘　要	仕丁	借　方	日付		摘　要	仕丁	貸　方
4	9	売　上	1	300,000	10	26	当座預金	1	300,000
6	13	売　上	〃	180,000	12	31	次期繰越	✓	180,000
				480,000					480,000
1	1	前期繰越	✓	180,000					

講義27／決算本手続き（資産・負債・純資産勘定の締切りと繰越試算表の作成）　149

備　品　　　　　　　　　　4

日付		摘　要	仕丁	借　方	日付		摘　要	仕丁	貸　方
2	2	現　金	1	250,000	12	31	次期繰越	✓	250,000
1	1	前期繰越	✓	250,000					

買　掛　金　　　　　　　　5

日付		摘　要	仕丁	借　方	日付		摘　要	仕丁	貸　方
8	20	当座預金	1	250,000	3	5	仕　入	1	500,000
12	31	次期繰越	✓	250,000					
				500,000					500,000
					1	1	前期繰越	✓	250,000

借　入　金　　　　　　　　6

日付		摘　要	仕丁	借　方	日付		摘　要	仕丁	貸　方
12	31	次期繰越	✓	800,000	7	16	当座預金	1	800,000
					1	1	前期繰越	✓	800,000

資　本　金　　　　　　　　7

日付		摘　要	仕丁	借　方	日付		摘　要	仕丁	貸　方
12	31	次期繰越	✓	1,089,600	1	1	現　金	1	1,000,000
					12	31	損　益	〃	89,600
				1,089,600					1,089,600
					1	1	前期繰越	✓	1,089,600

繰越商品　　　　　　　　14

日付		摘　要	仕丁	借　方	日付		摘　要	仕丁	貸　方
12	31	仕入	1	300,000	12	31	次期繰越	✓	300,000
1	1	前期繰越	✓	300,000					

貸倒引当金　　　　　　　19

日付		摘　要	仕丁	借　方	日付		摘　要	仕丁	貸　方
12	31	次期繰越	✓	5,400	12	31	貸倒引当金繰入	1	5,400
					1	1	前期繰越	✓	5,400

減価償却累計額　　20

日付		摘要	仕丁	借方	日付		摘要	仕丁	貸方
12	31	次期繰越	✓	25,000	12	31	減価償却費	1	25,000
					1	1	前期繰越	✓	25,000

前払家賃　　21

日付		摘要	仕丁	借方	日付		摘要	仕丁	貸方
12	31	支払家賃	1	15,000	12	31	次期繰越	✓	15,000
1	1	前期繰越	✓	15,000					

未払利息　　22

日付		摘要	仕丁	借方	日付		摘要	仕丁	貸方
12	31	次期繰越	✓	5,000	12	31	支払利息	1	5,000
					1	1	前期繰越	✓	5,000

［2］繰越試算表の作成

　資産勘定，負債勘定および純資産勘定の締切りにおいて，総勘定元帳で直接に締め切るため，締切りに誤りが発生する危険がある。そこで，総勘定元帳での締切りを検証するために，**繰越試算表**を作成する。

　繰越試算表は，資産勘定，負債勘定および純資産勘定の各勘定残高を，次期へ繰り越すべき残高として一覧表にまとめたものである。

設例27-2

設例27-1により，繰越試算表を作成する。

繰越試算表
平成××年12月31日　　（単位：円）

借　方	元丁	勘定科目	貸　方
700,000	1	現　　　　　金	
730,000	2	当　座　預　金	
180,000	3	売　　掛　　金	
300,000	14	繰　越　商　品	
250,000	4	備　　　　　品	
	5	買　　掛　　金	250,000
	6	借　　入　　金	800,000
	7	資　　本　　金	1,089,600
	19	貸　倒　引　当　金	5,400
	20	減価償却累計額	25,000
15,000	21	前　払　家　賃	
	22	未　払　利　息	5,000
2,175,000			2,175,000

[3] 仕訳帳の締切り

仕訳帳の締切りは，決算予備手続きで行う締切りと，決算本手続きで行う締切りがある。

決算本手続きで行う締切りでは，決算整理仕訳と決算振替仕訳が仕訳帳に新たに記帳されているため，それらを締め切ることになる。

仕 訳 帳　　　　　　1

日付		摘　要	元丁	借　方	貸　方
1	1	（現　　　　金）	1	1,000,000	
		（資　本　金）	7		1,000,000
2	2	（備　　　品）	4	250,000	
		（現　　　　金）	1		250,000
3	5	（仕　　　入）	9	500,000	
		（買　掛　金）	5		500,000
4	9	（売　掛　金）	3	300,000	
		（売　　　　上）	8		300,000
5	10	（発　送　費）	10	5,000	
		（現　　　　金）	1		5,000
6	13	（売　掛　金）	3	180,000	
		（売　　　　上）	8		180,000
7	16	（当 座 預 金）	2	800,000	
		（借　入　金）	6		800,000
8	20	（買　掛　金）	5	250,000	
		（当 座 預 金）	2		250,000
9	25	（支 払 家 賃）	11	30,000	
		（現　　　　金）	1		30,000
10	26	（当 座 預 金）	2	300,000	
		（売　掛　金）	3		300,000
11	27	（給　　　料）	12	120,000	
		（当 座 預 金）	2		120,000
12	30	（水道光熱費）	13	10,000	
		（現　　　　金）	1		10,000
		期中取引合計		3,745,000	3,745,000

講義27／決算本手続き（資産・負債・純資産勘定の締切りと繰越試算表の作成）

12	31	決算整理仕訳			
		（繰越商品）	14	300,000	
		（仕　　入）	9		300,000
	〃	（雑　　損）	15	5,000	
		（現　　金）	1		5,000
	〃	（貸倒引当金繰入）	16	5,400	
		（貸倒引当金）	19		5,400
	〃	（減価償却費）	17	25,000	
		（減価償却累計額）	20		25,000
	〃	（前払家賃）	21	15,000	
		（支払家賃）	11		15,000
	〃	（支払利息）	18	5,000	
		（未払利息）	22		5,000
		合　　　　計		4,100,400	4,100,400
	〃	決算振替仕訳			
		（売　　上）	8	480,000	
		（損　　益）	23		480,000
	〃	（損　　益）	23	200,000	
		（仕　　入）	9		200,000
	〃	（損　　益）	23	5,000	
		（発送費）	10		5,000
	〃	（損　　益）	23	15,000	
		（支払家賃）	11		15,000
	〃	（損　　益）	23	120,000	
		（給　　料）	12		120,000
	〃	（損　　益）	23	10,000	
		（水道光熱費）	13		10,000
		（損　　益）	23	5,000	
		（雑　　損）	15		5,000
		（損　　益）	23	5,400	
		（貸倒引当金繰入）	16		5,400
		（損　　益）	23	25,000	
		（減価償却費）	17		25,000
		（損　　益）	23	5,000	
		（支払利息）	18		5,000
	〃	（損　　益）	23	89,600	
		（資本金）	7		89,600
				5,060,400	5,060,400

講義28
決算本手続き
（貸借対照表・損益計算書の作成）

講義にあたって

　これまでの決算手続きは，すべて貸借対照表と損益計算書を作成するためのものである。貸借対照表と損益計算書については「講義3　貸借対照表・損益計算書」ですでに詳述しているが，貸借対照表と損益計算書は，それぞれ繰越試算表と損益勘定に基づいて作成されることを理解しなければならない。貸借対照表の勘定科目体系と，損益計算書の勘定科目体系を正確に認識することが重要である。

　貸借対照表を作成する場合において，注意しなければならないことがある。それは，繰越試算表で繰越商品として表示している勘定科目は，「商品」勘定に置き換えて表記しなければならず，また，繰越試算表で表示している資本金勘定の勘定残高から，決算振替仕訳で振り替えられた当期純利益を再度，別途に区別して表記しなければならない。

　損益計算書の作成で注意すべきことは，仕入勘定で計算された売上原価は，仕入勘定による表記ではなく「売上原価」の勘定に置き換えて表記することである。

講義の要点

　[1]　損益計算書の作成　　　[2]　貸借対照表の作成

学習する用語

「売上原価」の勘定／「商品」の勘定

[1] 損益計算書の作成

　損益計算書は，損益勘定をもとにして作成する。損益勘定の借方にある費用の勘定科目を損益計算書の借方に表記し，貸方にある収益の勘定科目を損益計算書の貸方に表記する。表記にあたって，損益勘定に記している仕入の勘定科目は，「**売上原価**」の**勘定**科目に置き換えて表記しなければならない。

設例28-1

設例26-1で作成された損益勘定により，損益計算書を作成しなさい。

損　　益

12/31	仕　　　　入	200,000	12/31 売　　　上		480,000
〃	発　送　費	5,000			
〃	支　払　家　賃	15,000			
〃	給　　　料	120,000			
〃	水　道　光　熱　費	10,000			
〃	雑　　　損	5,000			
〃	貸倒引当金繰入	5,400			
〃	減　価　償　却　費	25,000			
〃	支　払　利　息	5,000			
〃	資　　本　　金	89,600			
		480,000			480,000

損益計算書

福岡商店　　自平成××年1月1日・至平成××年12月31日　　（単位：円）

費用の部	金　　額	収益の部	金　　額
売　上　原　価	200,000	売　　上　　高	480,000
発　　送　　費	5,000		
支　払　家　賃	15,000		
給　　　　料	120,000		
水　道　光　熱　費	10,000		
雑　　　　損	5,000		
貸倒引当金繰入	5,400		
減　価　償　却　費	25,000		
支　払　利　息	5,000		
当　期　純　利　益	89,600		
	480,000		480,000

[2] 貸借対照表の作成

貸借対照表は，繰越試算表をもとにして作成する。繰越試算表で表示している資産の勘定科目を貸借対照表の借方に，そして繰越試算表で表示している負債の勘定科目および純資産の勘定科目を貸借対照表の貸方に表記する。表記にあたって，繰越商品の勘定科目は「**商品**」**の勘定**科目に置き換え，また，資本金の勘定残高から，当期純利益を別途に区別して表記しなければならない。

設例28-2

繰越試算表から，貸借対照表を作成しなさい。

繰越試算表
平成××年12月31日　　　（単位：円）

借方	元丁	勘定科目	貸方
700,000	1	現　　　　　金	
730,000	2	当　座　預　金	
180,000	3	売　　掛　　金	
300,000	14	繰　越　商　品	
250,000	4	備　　　　　品	
	5	買　　掛　　金	250,000
	6	借　　入　　金	800,000
	7	資　　本　　金	1,089,600
	19	貸　倒　引　当　金	5,400
	20	減価償却累計額	25,000
15,000	21	前　払　家　賃	
	22	未　払　利　息	5,000
2,175,000			2,175,000

貸借対照表

福岡商店　　　　平成××年12月31日　　　（単位：円）

資産の部		金額	負債・純資産の部	金額
現　　　　　金		700,000	買　　掛　　金	250,000
当　座　預　金		730,000	借　　入　　金	800,000
売　　掛　　金	180,000		資　　本　　金	1,000,000
貸　倒　引　当　金	(5,400)	174,600	未　払　利　息	5,000
商　　　　　品		300,000	当　期　純　利　益	89,600
備　　　　　品	250,000			
減価償却累計額	(25,000)	225,000		
前　払　家　賃		15,000		
		2,144,600		2,144,600

講義29

現金出納帳と当座預金出納帳

講義にあたって

　日々の取引において，現金および当座預金の増減を，仕訳帳と総勘定元帳へ記帳するだけでは，その詳細を記録することは難しい。現金および当座預金の増減を，詳細に記録するためには，別途にそれらの勘定に特化した帳簿の作成が必要となる。その帳簿として，現金出納帳と当座預金出納帳がある。

　仕訳帳と総勘定元帳は，取引で発生するすべての勘定を網羅するためのもので，特定の勘定に特化しているわけではない。現金出納帳と当座預金出納帳は，それぞれの勘定を詳細に記帳できるが，最終的には総勘定元帳へ集約される。仕訳帳および総勘定元帳は，帳簿の重要性から主要簿といい，現金出納帳と当座預金出納帳を補助簿という。

講義の要点

[1] 補助簿
[2] 現金出納帳と当座預金出納帳の様式
[3] 現金出納帳の作成
[4] 当座預金出納帳の作成

学習する用語

補助簿／補助元帳・補助記入帳／現金出納帳・当座預金出納帳

[1] 補助簿

　仕訳帳と総勘定元帳の他に，管理上の目的で作成される会計帳簿を**補助簿**という。補助簿は，主要簿を補助するための帳簿である。

　補助簿には，補助元帳と補助記入帳がある。**補助元帳**は，総勘定元帳の特定勘定の内訳あるいは明細を項目別に記帳する帳簿であり，内容別の管理に重点がある。たとえば，売掛金を得意先別に作成する売掛金元帳（得意先元帳）は，補助元帳の1つである。

　それに対して**補助記入帳**は，重要かつ頻繁に発生する取引を内容別は考慮せずに，単なる順に従って記帳する帳簿であり，特定勘定の増減管理に視点を置いている。現金や当座預金などは，重要かつ頻繁に取引が行われ，その増減管理が欠かせない。よって，現金出納帳や当座預金出納帳は，取引を単なる順に従って作成する。

　補助元帳と補助記入帳には，以下のようなものがあり，理解すべき帳簿である。

【主要簿】	【補助簿】
仕 訳 帳	（補助元帳）
総勘定元帳	売掛金元帳
	買掛金元帳
	商品有高帳
	（補助記入帳）
	現金出納帳
	当座預金出納帳
	小口現金出納帳
	受取手形記入帳
	支払手形記入帳
	売 上 帳
	仕 入 帳

[2] 現金出納帳と当座預金出納帳の様式

現金出納帳と**当座預金出納帳**のいずれの出納帳も，勘定の増減を管理する。様式を見ると，現金出納帳では現金の収入・支出を，当座預金出納帳では預入れと引出しを中心に管理することが見て取れる。

現金出納帳と当座預金出納帳は，次の様式となる。

現金出納帳　　　　　　　　　　ページ

日付	摘要	収入	支出	残高

当座預金出納帳　　　　　　　　　ページ

日付	摘要	預入	引出	借/貸	残高

[3] 現金出納帳の作成

現金出納帳は，現金に係わる取引を記帳する補助記入帳である。

現金の収入と支出，すなわち増減が発生する場合，その取引が発生した日付を記入し，摘要欄には取引の内容を簡潔明瞭に示し，現金の収入がある場合は収入欄に金額を記入し，現金の支出がある場合は支出欄に金額を記入し，その差額として現金の残高を残高欄に記入する。

また，現金出納帳では，日々の現金残高を示さなければならず，その残高と現金の実際手許有高を照合することで，現金過不足を発見できる。現金出納帳に記される現金残高が，総勘定元帳の現金勘定の残高と常に一致しなければならない。

設例29-1

以下の現金に係わる取引につき，現金出納帳を作成する。
4月1日，会社を設立し，現金1,000,000円を元入れして営業を開始した。
4月2日，備品250,000円を購入し現金を支払った。
4月10日，商品発送の費用5,000円を現金で支払った。
4月25日，家賃30,000円を現金で支払った。
4月30日，水道光熱費10,000円を現金で支払った。

現　金　出　納　帳　　　　　　　　　　　1

日付		摘　　　要	収　入	支　出	残　高
4	1	資本金を元入れ	1,000,000		1,000,000
	2	備品を購入		250,000	750,000
	10	商品発送費の支払		5,000	745,000
	25	家賃の支払		30,000	715,000
	30	水道光熱費の支払		10,000	705,000
	〃	合　　　計	1,000,000	295,000	
	〃	次　月　繰　越		**705,000**	
			1,000,000	1,000,000	
5	1	前　月　繰　越	705,000		705,000

[4] 当座預金出納帳の作成

当座預金出納帳は，当座預金に係わる取引を記帳する補助記入帳である。当座預金口座は，金融機関との契約により複数の口座を有することできるため，当座預金出納帳も口座ごとに設けられる。

当座預金出納帳は，日付欄，摘要欄，預入欄，引出欄，貸借欄および残高欄がある。取引が発生した日付を記入し，摘要欄には取引の内容を簡潔明瞭に示し，当座預金の預入れとなる場合は預入欄に，当座預金の引出しとなる場合は引出欄に金額を記入し，その差額としての残高を残高欄に記入する。

当座預金口座は，金融機関との関係において，取引時点の手続きと金融機関での手続きに時間のズレがあるため，当座預金出納帳の残高と当座預金口座の実際残高が一時的に一致しないことがある。

設例29-2

以下の当座預金に係わる取引につき，当座預金出納帳を作成する。
4月16日，九州銀行へ800,000円を預け入れ，当座預金とした。
4月20日，A商店の買掛金500,000円の支払いとして，小切手#3を振り出した。
4月26日，B商店の売掛金300,000円の回収として小切手で受け取り当座預金へ預け入れた。
4月27日，従業員の給料120,000円を，小切手#5を振り出して支払った。

当座預金出納帳　　　　　　　　　　　1

日付		摘　　要	預　入	引　出	借/貸	残　高
4	16	銀行へ預け入れ	800,000		借	800,000
	20	買掛金 #3 A商店へ買掛代金支払い		500,000	〃	300,000
	26	売掛金 B商店より売掛代金回収	300,000		〃	600,000
	27	給料 #5 従業員給料の支払い		120,000	〃	480,000
	30	合　　　計	1,100,000	620,000		
	〃	次　月　繰　越		480,000		
			1,100,000	1,100,000		
5	1	前　月　繰　越	480,000		借	480,000

講義30

小口現金出納帳

講義にあたって

　現金に関する補助簿として現金出納帳の他に，小口現金出納帳がある。多額の現金を手許に置くと，盗難や紛失の可能性がある。多額の現金は，金融機関へ預け入れておくのが通例である。

　しかし，手許に，ある一定の現金を保持していなければ，現金しか扱わない取引が発生した場合，その支払いができなくなる。よって，取引を滞らせることなく現金の支払いを円滑に行えるようにするために，会計係はあらかじめ用度係（担当者）に，一定額の現金を渡しておく。

　この，用度係に渡された一定額の現金を小口現金という。小口現金が，どのように使われるのかを記録するための補助簿が小口現金出納帳である。

講義の要点

［1］　小口現金制度の仕組み　　［3］　小口現金出納帳の補給方法
［2］　小口現金出納帳の様式　　［4］　小口現金出納帳の作成

学習する用語

小口現金／小口現金出納帳／定額資金前渡法／随時補給法

［１］ 小口現金制度の仕組み

　現代社会は，信用取引制度の確立によって多額の現金を手許に置いておく必要性がない。しかし，通信費や発送費，消耗品費などの少額の支払いは，現金で支払わなければならないことがあるため，ある一定額の現金は保有しておく必要がある。取引を円滑に行うために，あらかじめ用度係（担当者）に渡された一定額の現金を**小口現金**という。

　小口現金を取り扱う用度係は，渡された小口現金から必要に応じて現金を支払い，その支払内容を会計係に報告する。報告により，会計係はその額を補給する。

　このような，日々の支払いを担当する用度係が，少額の現金を保有しておくことを小口現金制度という。

設例30-1

以下の取引につき，仕訳をする。
1）4月1日，会計係は，用度係に小切手50,000円を振り出した。
　　　　（小　口　現　金）　50,000　　（当　座　預　金）　50,000
2）4月30日，会計係は次の報告を受け，同額の小切手を用度係へ振り出した。

| 4月15日 | タクシー代 | 3,000円 | 4月25日 | ハガキ代 | 5,000円 |
| 4月21日 | 文房具代 | 2,000円 | 4月30日 | お茶代 | 6,000円 |

〈報告時の仕訳〉
　　　　（旅 費 交 通 費）　3,000　　（小　口　現　金）　16,000
　　　　（消　耗　品　費）　2,000
　　　　（通　　信　　費）　5,000
　　　　（雑　　　　　費）　6,000
〈補給時の仕訳〉
　　　　（小　口　現　金）　16,000　　（当　座　預　金）　16,000

［2］小口現金出納帳の様式

　小口現金出納帳は，小口現金の支払内容を記帳する補助記入帳である。

　用度係は，一定期間における小口現金を会計係から小切手で受け取る。その後，必要に応じて現金支払いを行い，支払い内容を小口現金出納帳へ記録して会計係へ報告する。**小口現金出納帳**は以下の様式となる。

小口現金出納帳

受入	日付	摘　要	支払	内　訳			

[3] 小口現金の補給方法

　小口現金から支払いを行えば，その残高は減る。残高が減れば，補給しなければならない。

　小口現金の補給方法には**定額資金前渡法**と**随時補給法**がある。

定額資金前渡法

　定額資金前渡法とは，必要と予想される一定額の小口現金を，期首に用度係にあらかじめ渡しておき，期末にその支払明細の報告を受ける。そして，会計係は，減少した小口現金の額だけを，小切手を振り出して補給する方法である。よって，期首においては，常に同額の小口現金が用度係の手許に置かれることになる。

随時補給法

　随時補給法とは，用度係による小口現金の要求によって，その都度，要求額に対する小切手を振り出して補給する方法である。

　随時補給法の場合は，手続きが煩雑になり即座に支払いが必要となる場合には対応できないこと，また，定額資金前渡法は，月末に明細と照合し期首に小口現金の補給が行われ，常に一定額が手許にあることから，随時補給法よりも定額資金前渡法が優れているとされる。

　定額資金前渡法においては，期末に補給する期末補給制（月末・週末）と期首に補給する期首補給制（月初・週初）の2つの方法がある。

［4］小口現金出納帳の作成

小口現金出納帳には，受入欄，日付欄，摘要欄，支払欄および内訳欄がある。

受入欄には，会計係から小切手を受け取ったときの金額を記入し，日付欄は取引が行われる日付を記入する。摘要欄には，支払いなどの取引内容を記入し，支払欄は支払金額を記入する。そして，内訳欄には支払科目を記入する。

小口現金出納帳は，会計係に報告する期末に締め切られることになり，残高と補給額の合計額が次期に繰り越されることになる。

設例30-2

設例30-1の取引により，小口現金出納帳を作成する。なお，月末補給制を採用する。

小口現金出納帳

受入	日付		摘要	支払	内訳			
					消耗品費	通信費	旅費交通費	雑費
50,000	4	1	小切手受入					
		15	タクシー代	3,000			3,000	
		21	文房具代	2,000	2,000			
		25	ハガキ代	5,000		5,000		
		30	お茶代	6,000				6,000
			合計	16,000	2,000	5,000	3,000	6,000
16,000		〃	補給受入					
		〃	次月繰越	50,000				
66,000				66,000				
50,000	5	1	前月繰越					

講義31
受取手形記入帳・支払手形記入帳

講義にあたって

　商品売買取引や物品取引において，信用取引制度の確立によって，取引代金を手形によって決済することが多くある。手形取引については，「講義10　約束手形」「講義11　為替手形」「講義12　手形の裏書譲渡」「講義13　手形の決済と割引」で詳述している。

　手形に係わる取引の記帳は，受取手形勘定と支払手形勘定を用いる。手形債権としての受取手形と，手形債務としての支払手形を記帳するための補助簿が，受取手形記入帳と支払手形記入帳である。受取手形記入帳と支払手形記入帳の記帳にあたっては，手形取引を正しく理解している必要がある。

　約束手形と為替手形の仕組み，そして手形の裏書譲渡などの手続きを，適切に把握していることが前提である。

講義の要点

　［1］　手形取引の詳細
　［2］　受取手形記入帳と支払手形記入帳の様式
　［3］　受取手形記入帳の作成
　［4］　支払手形記入帳の作成

学習する用語

受取手形記入帳・支払手形記入帳／てん末

[1] 手形取引の詳細

「講義10」から「講義13」で，手形取引を詳述しているが，受取手形記入帳と支払手形記入帳を作成するためには，記帳のための必要事項を含んだ取引明細が必要となる。

受取手形記入帳と支払手形記入帳の作成に必要な取引明細は，次の取引内容を参照することで明らかとなる。

設例31-1

1) 4月1日，商品500,000円を大分商店に売り上げ，大分商店振出しの約束手形#1を受け取った。
   （振出日 4月1日，満期日 4月30日，支払場所 大分銀行）
   （受 取 手 形） 500,000　　（売　　　上） 500,000

2) 4月9日，大阪商店より商品100,000円を仕入れ，代金はかねてより売掛金200,000円のある得意先熊本商店宛の為替手形#4を振り出し，熊本商店の引受けを得て大阪商店に渡した。
   （振出日 4月9日，満期日 5月15日，支払場所 熊本銀行）
   （仕　　　入） 100,000　　（売　掛　金） 100,000

3) 4月12日，埼玉商店より商品200,000円を仕入れ，代金の支払いとして約束手形#3を振り出した。
   （振出日 4月12日，満期日 4月28日，支払場所 九州銀行）
   （仕　　　入） 200,000　　（支 払 手 形） 200,000

4) 4月15日，新潟商店に商品300,000円を売り上げ，新潟商店振出し札幌商店引受けの為替手形#2を受け取った。
   （振出日 4月15日，満期日 5月5日，支払場所 新潟銀行）
   （受 取 手 形） 300,000　　（売　　　上） 300,000

5) 4月20日，鹿児島商店に対する買掛金300,000円の支払いとして，新潟商店から受け取った為替手形#2を裏書きして渡した。
   （買　掛　金） 300,000　　（受 取 手 形） 300,000

6) 4月28日，埼玉商店に振り出した約束手形#3は満期日となり，決済された旨を銀行から通知を受けた。
   （支 払 手 形） 200,000　　（当 座 預 金） 200,000

7) 4月30日，約束手形#1は決済された旨を銀行から通知を受けた。
   （当 座 預 金） 500,000　　（受 取 手 形） 500,000

[2] 受取手形記入帳と支払手形記入帳の様式

受取手形記入帳は，受取手形に関する取引を詳しく記帳する補助記入帳である。受取手形債権が発生する順に，記入を行う。

支払手形記入帳は，支払手形に関する取引を詳しく記帳する補助記入帳である。支払手形債務が発生する順に，記入を行う。

受取手形記入帳と支払手形記入帳は，以下の様式となる。

受取手形記入帳　　　　　　　　　　　　　　ページ

日付	手形種類	手形番号	摘要	支払人	振出人または裏書人	振出日	満期日	支払場所	手形金額	てん末	
										日付	摘要

支払手形記入帳　　　　　　　　　　　　　　ページ

日付	手形種類	手形番号	摘要	受取人	振出人	振出日	満期日	支払場所	手形金額	てん末	
										日付	摘要

[3] 受取手形記入帳の作成

受取手形記入帳には，日付欄，手形種類欄，手形番号欄，摘要欄，支払人欄，振出人または裏書人欄，振出日欄，満期日欄，支払場所欄，手形金額欄および**てん末欄**がある。

手形種類というのは約束手形と為替手形のいずれであるかを記入する欄であり，手形番号欄は手形についている番号を記入する。また，摘要欄は相手勘定科目を記入し，支払人欄は約束手形の振出人あるいは為替手形の引受人を記入する欄である。振出人または裏書人欄には，為替手形の振出人あるいは裏書人が記入される。さらに，てん末欄には，受取手形の減少に伴う取引が記入される。

受取手形記入帳は，受取手形に関する明細を詳細に記入しなければならない。

設例31-2

設例31-1の取引のうち，受取手形に係わる取引につき，受取手形記入帳を作成する。

受取手形記入帳　　　　　　　1

日付		手形種類	手形番号	摘要	支払人	振出人または裏書人	振出日		満期日		支払場所	手形金額	てん末	
													日付	摘要
4	1	約束手形	1	売上	大分商店	大分商店	4	1	4	30	大分銀行	500,000	4 30	決済
4	15	為替手形	2	売上	札幌商店	新潟商店	4	15	5	5	新潟銀行	300,000	4 20	裏書

［4］支払手形記入帳の作成

　支払手形記入帳は，受取手形記入帳と様式は類似している。

　支払手形記入帳の日付欄，手形種類欄，手形番号欄，摘要欄，振出日欄，満期日欄，支払場所欄，手形金額欄およびてん末欄については受取手形記入帳と同一である。

　ただし，受取手形記入帳における支払人欄は，支払手形記入帳では受取人欄に，受取手形記入帳における振出人または裏書人欄は，支払手形記入帳では振出人欄になる。

設例31-3

　例説31-1の取引のうち，支払手形に係わる取引につき，支払手形記入帳を作成する。

支払手形記入帳　　　　　　　　　　1

日付		手形種類	手形番号	摘要	受取人	振出人	振出日		満期日		支払場所	手形金額	てん末		
													日付		摘要
4	12	約束手形	3	仕入	埼玉商店	当店	4	12	4	28	九州銀行	200,000	4	28	決済

講義32

売掛金元帳・買掛金元帳

講義にあたって

　商品売買取引は，信用取引制度によって掛け取引で行われることが多い。商品を掛けで販売した場合に発生する債権が売掛金であり，商品を掛けで仕入れた場合に発生する債務が買掛金である。

　商品売買取引に伴い，計上された売掛金または買掛金は，重要な債権・債務であり，その回収と支払いを厳格に管理する必要がある。管理の必要性から，売掛金と買掛金は取引先別に記帳するのが適切であるとの認識により，補助簿として売掛金元帳と買掛金元帳がある。

　取引先との関係において，販売取引でも仕入取引でも，それには継続性があるため，同じ取引先と複数回にわたって商品売買取引が行われる。よって，取引先別に売掛金と買掛金を管理することは重要である。

　売掛金元帳と買掛金元帳を記帳するためには，売掛金と買掛金に係わる取引の理解が前提である。

講義の要点

[1]　人名勘定　　　　　　　　　　　　[3]　売掛金元帳の作成
[2]　売掛金元帳と買掛金元帳の様式　　[4]　買掛金元帳の作成

学習する用語

人名勘定／統制勘定／売掛金元帳・買掛金元帳

[1] 人名勘定

　商品売買取引に関して，掛け取引によって発生する債権・債務の増減に対する記帳には，売掛金勘定と買掛金勘定を用いる。しかし，売掛金勘定と買掛金勘定の2つの勘定だけでは，その詳細を得意先別や仕入先別に明細を記帳し，随時に把握することは困難である。そこで，取引相手の氏名，商店名，会社名などの個別名称を勘定とした**人名勘定**を用いて記帳する。

　総勘定元帳には，売掛金勘定と買掛金勘定が設けられているが，それとは別に取引先別の売掛金元帳と買掛金元帳を作成する。この場合，売掛金元帳のすべてが総勘定元帳の売掛金勘定に記帳され，また，買掛金元帳のすべてが総勘定元帳の買掛金勘定に記帳される。よって，総勘定元帳における売掛金勘定と買掛金勘定は**統制勘定**と称されている。

〈総勘定元帳〉

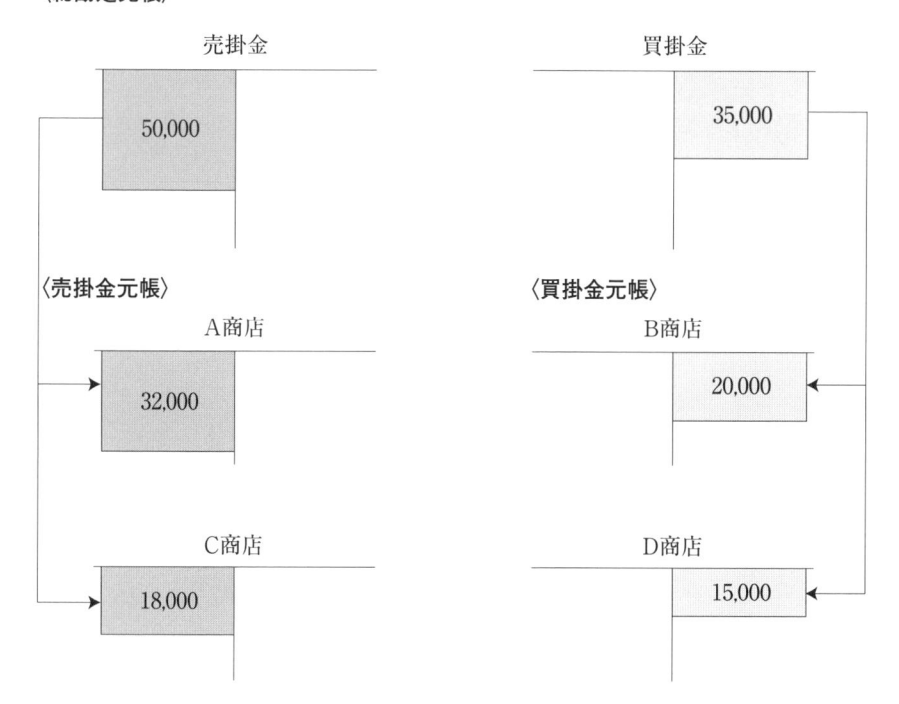

　　　　売掛金　　　　　　　　　　　　買掛金
　　　50,000　　　　　　　　　　　　　　　35,000

〈売掛金元帳〉　　　　　　　　　　〈買掛金元帳〉
　　　　A商店　　　　　　　　　　　　　B商店
　　　32,000　　　　　　　　　　　　　　　20,000

　　　　C商店　　　　　　　　　　　　　D商店
　　　18,000　　　　　　　　　　　　　　　15,000

[2] 売掛金元帳と買掛金元帳の様式

　売掛金元帳と買掛金元帳は，取引先別に明細を把握するための補助元帳である。いずれの元帳も，総勘定元帳における売掛金勘定と買掛金勘定の内訳を表示することになる。売掛金元帳と買掛金元帳は以下の様式となる。

○○商店　　　　　　　　ページ

日付	摘要	借方	貸方	借/貸	残高

[3] 売掛金元帳の作成

売掛金元帳とは，取引先別に売掛金の明細を表示するために作成する補助元帳である。売掛金元帳は，日付欄，摘要欄，借方欄，貸方欄，貸借欄，残高欄から構成されている。

設例32-1

以下の売掛金に係わる取引につき，売掛金元帳を作成する。

1) 4月5日，商品100,000円を長崎商店に売り上げ，代金は掛けとした（送り状#4）。
   （売　掛　金）100,000　　（売　　　　上）100,000

2) 4月9日，商品300,000円を熊本商店に売り上げ，100,000円は現金で受け取り，残金は掛けとした（送り状#7）。
   （売　掛　金）200,000　　（売　　　　上）300,000
   （現　　　　金）100,000

3) 4月12日，4月9日に熊本商店に売り上げた商品のうち，5,000円分は不良品のため，返品された。
   （売　　　　上）5,000　　（売　掛　金）5,000

4) 4月13日，商品180,000を長崎商店に売り上げ，代金は掛けとした（送り状#9）。
   （売　掛　金）180,000　　（売　　　　上）180,000

5) 4月18日，4月9日の熊本商店における売掛金の回収として，現金を受け取った。
   （現　　　　金）195,000　　（売　掛　金）195,000

6) 4月26日，4月5日における売掛金100,000円の回収として小切手で受け取り，当座預金へ預け入れた。
   （当　座　預　金）100,000　　（売　掛　金）100,000

長崎商店　1

日付		摘要	借方	貸方	借/貸	残高
4	5	売上，送り状#4	100,000		借	100,000
	13	売上，送り状#9	180,000		〃	280,000
	26	小切手で回収,当座預金へ預入れ		100,000	〃	180,000
	30	合　　計	280,000	100,000		
	〃	次　月　繰　越		180,000		
			280,000	280,000		
5	1	前　月　繰　越	180,000		借	180,000

熊本商店　1

日付		摘要	借方	貸方	借/貸	残高
4	9	売上,送り状#7,一部現金,一部掛け	200,000		借	200,000
	12	不良品のため返品		5,000	〃	195,000
	18	現金で回収		195,000		0
	30	合　　計	200,000	200,000		

[4] 買掛金元帳の作成

買掛金元帳とは，取引先別に買掛金の明細を表示するために設けられる補助元帳である。買掛金元帳は売掛金元帳と同じ様式となっており，日付欄，摘要欄，借方欄，貸方欄，貸借欄，残高欄から構成されている。

設例32-2

以下の買掛金に係わる取引につき，買掛金元帳を作成する。
1) 4月3日，宮崎商店より商品200,000円を仕入れ，代金は掛けとした（送り状＃2）。
　　（仕　　入）200,000　　（買　掛　金）200,000
2) 4月7日，埼玉商店より商品300,000円を仕入れ，そのうち，100,000円は現金で支払い，残金は掛けとした（送り状＃5）。
　　（仕　　入）300,000　　（買　掛　金）200,000
　　　　　　　　　　　　　　（現　　　金）100,000
3) 4月10日，宮崎商店から仕入れた商品のうち，10,000円分は品違いのため，返品した。
　　（買　掛　金）10,000　　（仕　　入）10,000
4) 4月15日，4月7日に仕入れた商品の買掛金を支払うため，200,000円の約束手形を振り出し，埼玉商店に渡した（満期日5月31日，手形番号＃10）。
　　（買　掛　金）200,000　　（支払手形）200,000
5) 4月25日，埼玉商店より商品150,000円を仕入れ，代金は掛けとした（送り状＃6）。
　　（仕　　入）150,000　　（買　掛　金）150,000
6) 4月30日，4月3日に仕入れた商品に対する買掛金190,000円を小切手を振り出して支払った。
　　（買　掛　金）190,000　　（当座預金）190,000

宮崎商店　　　　　　　　　1

日付		摘要	借方	貸方	借/貸	残高
4	3	仕入，送り状#2		200,000	貸	200,000
	10	品違いのため返品	10,000		〃	190,000
	30	小切手で支払い	190,000			0
	〃	合　　計	200,000	200,000		

埼玉商店　　　　　　　　　1

日付		摘要	借方	貸方	借/貸	残高
4	7	仕入,送り状#5,一部現金,一部掛け		200,000	貸	200,000
	15	約束手形#10で支払	200,000			0
	25	仕入，送り状#6		150,000	〃	150,000
	30	合　　計	200,000	350,000		
	〃	次　月　繰　越	150,000			
			350,000	350,000		
5	1	前　月　繰　越		150,000	貸	150,000

講義33

仕入帳・売上帳

講義にあたって

商品売買取引は、仕入取引と販売取引から成り立っている。3分法による商品売買取引の場合、商品を仕入れるときに「仕入」勘定を用いて借方に記帳し、商品を販売したときに「売上」勘定を用いて貸方に記帳する。

商品の仕入れ情報を把握するために、仕訳帳とは別に、「仕入」に係わる取引を記帳するための補助簿として仕入帳がある。また、「売上」に係わる取引を記帳するための補助簿として売上帳がある。

仕入帳は、仕入先や仕入れた商品の品目、数量、価額を記入し、仕入れを統制管理するために作成する。一方、売上帳は、得意先や売上げた商品の品目、数量、価額を記入し、売上を統括管理するために作成する。

講義の要点

[1] 仕入帳の様式　　[3] 売上帳の様式
[2] 仕入帳の作成　　[4] 売上帳の作成

学習する用語

仕入帳／売上帳

［１］仕入帳の様式

仕入帳とは，商品の仕入取引に関する詳細な情報を取引順に記帳する補助記入帳である。仕入帳においては，日付欄，摘要欄および金額欄が設けられている。

摘要欄には，仕入先からの送り状の番号，仕入先商店（会社）名，商品名，商品数量，単価などを記載する。また，仕入帳の金額欄には借方と貸方の区分がされていないため，仕入れた商品を返品した場合は日付欄，摘要欄および金額欄に記入する文字をすべて朱記する。

仕入帳は決算日に締め切られる。その場合，値引きと返品において朱記した金額を除いた金額を合計し，「当月総仕入高」を明示する。そして，値引きと返品の金額を合計し，「当月値引返品高」として朱記する。最後に，「当月総仕入高」から「当月値引返品高」を控除した金額を「当月純仕入高」として記載する。

仕入帳を作成することで，いつ，誰から，どのような，いくらの商品を仕入れたかについて把握することが可能である。

仕入帳は以下の様式となる。

仕　入　帳　　　　　　　　　　　ページ

日付	摘　　要	金　額

[2] 仕入帳の作成

仕訳帳における,「仕入」に係わる取引を集約したものが仕入帳である。

設例33-1

以下の取引により,仕入帳を作成する。
1) 4月1日,東京商店より商品Aを20個@200円で仕入れ,代金の半額は約束手形#2を振り出して支払い,残金は掛けとした。
2) 4月5日,東京商店より仕入れた商品Aのうち,5個が品違いのため,返品した。
3) 4月10日,青森商店より商品Bを10個@300円で仕入れ,2,000円分は小切手#12を振り出して支払い,残額は掛けとした。
4) 4月16日,青森商店から500円の値引きを受けた。

仕 入 帳　　　　　　　1

日付		摘　　　要	金　額
4	1	東京商店,約束手形#2,掛け	
		商品A　20個　@200円	4,000
	5	**東京商店,返品**	
		商品A　5個　@200円	**1,000**
	10	青森商店,小切手#12,掛け	
		商品B　10個　@300円	3,000
	16	**青森商店,値引き**	**500**
	30	当月総仕入高	7,000
	〃	**当月値引返品高**	**1,500**
	〃	当月純仕入高	5,500

[3] 売上帳の様式

売上帳とは，商品の売上取引に関する詳細な情報を取引順に記帳する補助記入帳である。売上帳は，仕入帳と同じく，日付欄，摘要欄および金額欄が設けられている。

そのうち，摘要欄では，商品を売り上げたときの送り状の番号，得意先商店（会社）名，商品名，商品数量，単価などを記載する。また，売上帳も仕入帳と同様に，金額欄には借方と貸方の区分がされていないため，商品の値引や返品については日付欄，摘要欄および金額欄に記入される文字をすべて朱記しなければならない。

売上帳は決算日に締め切られる。その締切り方法は仕入帳と同じく，値引きと返品の朱記された金額を除いた金額を合計し，「当月総売上高」を計算する。そして，値引きと返品の金額を合計し，「当月値引返品高」として朱記する。

最後に，「当月総仕入高」から「当月値引返品高」を控除した金額を「当月純売上高」として記載する。売上帳を作成することで，いつ，誰に，どの，いくらの商品を売り上げたかについて把握することが可能である。

売上帳は，以下の様式となる。

売　上　帳　　　　　　　　　　　1

日付	摘　　要	金　額

[4] 売上帳の作成

仕訳帳における,「売上」に係わる取引を集約したものが売上帳である。

設例33-2

以下の取引により,売上帳を作成する。
1) 4月7日,熊本商店に商品Aを10個@400円で売り上げ,代金は掛けとした(送り状＃6)。
2) 4月9日,熊本商店に売り上げた商品Aのうち,2個が不良品のため返品された。
3) 4月14日,宮崎商店に商品Bを5個@500円で売り上げ,代金は掛けとした(送り状＃7)。
4) 4月22日,宮崎商店に売り上げた商品に不良品があったため,500円値引きした。

売 上 帳　　　　　　　1

日付		摘　　　要	金　額
4	7	熊本商店,送り状＃6,掛け	
		商品A　10個　@400円	4,000
	9	**熊本商店,返品**	
		商品A　2個　@400円	800
	14	宮崎商店,送り状＃7,掛け	
		商品B　5個　@500円	2,500
	22	宮崎商店,値引き	500
	30	当 月 総 売 上 高	6,500
	〃	当 月 値 引 返 品 高	1,300
	〃	当 月 純 売 上 高	5,200

講義34

商品有高帳

講義にあたって

　商品売買取引において，その対象である商品を管理することは重要である。商品売買取引で取り扱う商品には，複数の種類があるのが一般的で，個別商品の在庫状況および受入状況と払出状況を把握する必要がある。

　商品ごとに帳簿を作成し，その数量，単価および残高を記録する補助簿が商品有高帳である。商品有高帳は，それぞれ異なる商品ごとに作成する。商品売買取引における受入単価ならびに払出単価を計算することは，商品管理において不可欠である。

　商品の払出単価を計算する方法には，総平均法や移動平均法，先入先出法，後入先出法などがある。なかでも，先入先出法と移動平均法を理解する必要がある。払出単価の決定方法の違いにより，売上原価および利益に影響を与えることを認識しなければならない。

講義の要点

［1］　商品有高帳の様式
［2］　商品有高帳の作成（先入先出法・移動平均法）

学習する用語

商品有高帳／払出単価／先入先出法・移動平均法

[1] 商品有高帳の様式

　商品売買取引が行われるたびに，商品有高は常に増減する。
　複数の商品を扱う場合，それぞれの商品を個別に管理する必要がある。なぜなら，商品の紛失・減耗，そして記帳ミスなどの原因により，商品の帳簿残高と商品の実際有高とが一致しないことがあるからである。
　さらに，商品の仕入単価は，市場要因に影響され，同種類かつ同品質の商品でも仕入単価が常に同じとは限らない。ゆえに，商品の仕入単価を把握し，それに基づき**払出単価**（売上原価）を計算する必要性が生じるのである。
　商品の管理において，商品の受入れ，払出し，残高について，それぞれ数量，単価，金額を記録するための補助元帳が**商品有高帳**である。商品有高帳には日付，摘要欄，受入欄，払出欄および残高欄が設けられる。
　このうち，摘要欄には仕入（受入），売上（払出）などの取引内容が記載される。また，受入欄には仕入れた商品の数量，単価および金額が記載される。そして，払出欄には売り上げた商品の数量，単価および金額が記載される。さらに，残高欄には在庫となる商品の数量，単価および金額が記載される。
　商品有高帳は，以下の様式となる。

<u>商品有高帳</u>
○○商品

日付	摘　要	受　入			払　出			残　高		
		数量 個	単価 円	金額 円	数量 個	単価 円	金額 円	数量 個	単価 円	金額 円

［2］商品有高帳の作成（先入先出法・移動平均法）

商品有高帳は，商品の受払いの都度，記帳する。

商品有高帳は，受払い数量の把握だけではなく，払出単価の金額計算のためにあるといってもよい。払出単価の計算方法の違いによって，払出欄と残高欄が相違する。**払出単価**は，販売した商品の売上原価（単位当たり）をいう。販売した商品の売上原価は，払出単価に払出数量を乗じて計算する。同種の商品でも，受入単価が異なる場合，払出単価を計算しなければならない。

払出単価の決定方法にはいくつかあるが，なかでも**先入先出法**と**移動平均法**の2つが重要である。

【先入先出法】
　先に受入（仕入）れた商品を，先に払出（販売）することにより払出単価を計算する方法である

【移動平均法】
　受入単価（仕入単価）が変動する度に平均単価を計算する方法である。

設例34-1

次の取引により，商品Aの商品有高帳を作成する。
4月1日，A商品100個を@55円で仕入れた。
4月6日，A商品200個を@40円で仕入れた。
4月10日，A商品150個を売り上げた。
4月18日，A商品100個を@60円で仕入れた。
4月23日，A商品200個を売り上げた。

商品有高帳

（先入先出法） A商品

日付		摘要	受入			払出			残高		
			数量 個	単価 円	金額 円	数量 個	単価 円	金額 円	数量 個	単価 円	金額 円
4	1	仕入	100	55	5,500				100	55	5,500
	6	仕入	200	40	8,000				200	40	8,000
	10	売上				100	55	5,500			
						50	40	2,000	150	40	6,000
	18	仕入	100	60	6,000				100	60	6,000
	23	売上				150	40	6,000			
						50	60	3,000	50	60	3,000
	30	合計	400		19,500	350		16,500			
	〃	次月繰越				50	60	3,000			
			400		19,500	400		19,500			
5	1	前月繰越	50	60	3,000				50	60	3,000

商品有高帳

（移動平均法） A商品

日付		摘要	受入			払出			残高		
			数量 個	単価 円	金額 円	数量 個	単価 円	金額 円	数量 個	単価 円	金額 円
4	1	仕入	100	55	5,500				100	55	5,500
	6	仕入	200	40	8,000				300	45	13,500
	10	売上				150	45	6,750	150	45	6,750
	18	仕入	100	60	6,000				250	51	12,750
	23	売上				200	51	10,200	50	51	2,550
	30	合計	400		19,500	350		16,950			
	〃	次月繰越				50	51	2,550			
			400		19,500	400		19,500			
5	1	前月繰越	50	51	2,550				50	51	2,550

講義35 伝票制度

講義にあたって

　取引の数が増えれば増えるほど，会計帳簿の作成は複雑になる。また，記帳に関わる人手が必要となる。取引が発生するたびに，仕訳帳に記帳し，総勘定元帳に転記するのは難しくなる。そこで，記帳能率を高めるために伝票制度というものがある。

　伝票制度は，複雑化かつ多様化する取引を伝票を用いて記帳することによって，記帳事務を分散・分担することに狙いがある。伝票制度では，仕訳帳に記帳する代わりに，伝票に記入して総勘定元帳に転記するという仕組みが成立している。取引における仕訳を，伝票に記入する際の原理を明らかにし，1つの仕訳を仕訳帳に記帳する場合と，伝票で処理する場合との相違を認識することが伝票制度の理解において鍵となる。

講義の要点

[1]　伝票の一般様式　　[4]　伝票制の仕訳と記入方法（現金取引を含む場合）
[2]　3伝票制　　　　　[5]　3伝票制の記入（現金取引を含む場合）
[3]　5伝票制　　　　　[6]　5伝票制の記入（現金取引を含む場合）

学習する用語

　3伝票制・5伝票制／入金伝票・出金伝票・振替伝票／仕入伝票・売上伝票

[1] 伝票の一般様式

取引が行われるたびに仕訳を仕訳帳に記帳し総勘定元帳に転記するのは、手続き上煩雑であり、その過程の中では記帳の誤りも生じやすい。伝票を使用することにより、このような繁雑な手続きの負担が低減されることになる。

伝票には番号が付され、伝票を個別（紙片）に扱うことができ、別々に記入された伝票を後で集めることで、仕訳帳の役割を果たすことができる。

伝票には、番号、日付を記入しなければならない。また、借方科目および金額、貸方科目および金額を記入する欄がある。さらに、会計責任を明確するため、伝票には責任者である主任、記帳を行った人、係の印鑑を押す欄がある。

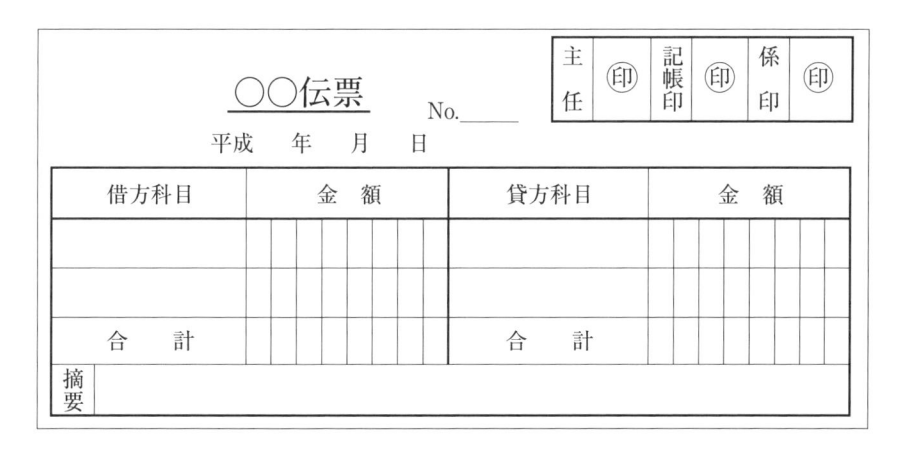

○○伝票　No.____ 　　主任㊞　記帳印㊞　係印㊞
平成　年　月　日

借方科目	金　額	貸方科目	金　額
合　計		合　計	
摘要			

伝票制度については、同じ形式の伝票を用いる単一伝票制と、取引の内容によって、異なる形式の伝票を用いる複数伝票制がある。複数伝票制のなかで、3伝票制と5伝票制が一般的である。

[2] 3伝票制

　入金取引に係わる取引を記録する入金伝票，出金取引に係わる取引を記録する出金伝票，およびその他の取引に係わる取引を記録する振替伝票の3種類の伝票を使用する方法を**3伝票制**という。3伝票制は，現金取引が頻繁に発生する場合に，手続を効率化させることができる。3伝票制では，現金が増加する取引を記録する伝票が**入金伝票**で，現金が減少する取引を記録する伝票が**出金伝票**，そして，その他の取引を記録する伝票を**振替伝票**という。また，3種類の伝票を区別するために，入金伝票は赤色で，出金伝票は青色で，振替伝票は黒色で印刷されることがある。

　仕訳の借方に，現金となる仕訳は入金伝票に記入され，仕訳の貸方に現金となる仕訳は出金伝票に記入されることから，入金伝票と出金伝票には相手勘定科目欄しか設けられていない。

設例35-1

次の取引につき，3伝票制で記入する。
1) 5月3日，A商品100個@200円を，大分商店から仕入れ，現金で支払った。
　　（仕　　入）20,000　（現　　金）20,000　⇨　出金伝票
2) 5月6日，A商品80個@300円を，熊本商店に売り上げ，現金で受け取った。
　　（現　　金）24,000　（売　　上）24,000　⇨　入金伝票
3) 5月15日，B商品100個@220円を，鹿児島商店から仕入れ，掛けとした。
　　（仕　　入）22,000　（買　掛　金）22,000　⇨　振替伝票

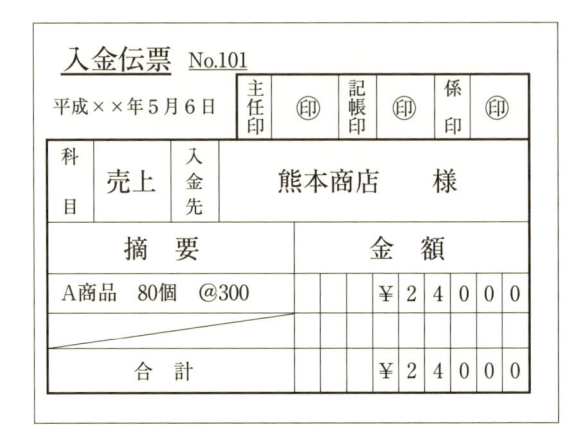

入金伝票 No.101					
平成××年5月6日	主任印 ㊞	記帳印 ㊞		係印 ㊞	
科目	売上	入金先	熊本商店　　様		
摘　要			金　　額		
A商品　80個　@300			¥	2 4 0 0 0	
合　計			¥	2 4 0 0 0	

出金伝票 No.201

平成××年5月3日　主任印　記帳印　係印

科目	支払先		
仕入		大分商店　様	

摘　要	金　額
A商品　100個　@200	¥20,000
合　計	¥20,000

振替伝票 No.301

平成××年5月15日　主任印　記帳印　係印

借方科目	金　額	貸方科目	金　額
仕　入	¥22,000	買掛金	¥22,000
合　計	¥22,000	合　計	¥22,000

摘要：鹿児島商店から商品の仕入れ，B商品100個@220

［3］ 5伝票制

　3伝票制での3種類の伝票（入金伝票・出金伝票・振替伝票）に，商品の仕入取引を記入する**仕入伝票**と，商品の売上取引を記入する**売上伝票**を加えた，5種類の伝票を使用する方法が**5伝票制**である。

　5伝票制では，商品を現金で仕入れた場合，それを一旦買掛金で仕入れ，その後にすぐに現金で支払ったとものとして認識する。そして，商品を販売して代金を現金で受け取る場合も，一旦，売掛金で計上し，それがすぐに現金で回収したものと認識する。

　仕入と出金，売上と入金が同時に計上される取引を，2つの伝票に分けて記入することができる。

設例35-2

次の取引につき，5伝票制で記入する。
1）5月3日，A商品100個@200円を，大分商店から仕入れ，現金で支払った。
　（仕　　　入）20,000　（買　掛　金）20,000　⇨　仕入伝票
　（買　掛　金）20,000　（現　　　金）20,000　⇨　出金伝票
2）5月6日，A商品80個@300円を，熊本商店に売り上げ，現金で受け取った。
　（売　掛　金）24,000　（売　　　上）24,000　⇨　売上伝票
　（現　　　金）24,000　（売　掛　金）24,000　⇨　入金伝票
3）5月15日，B商品100個@220円を，鹿児島商店から仕入れ，掛けとした。
　（仕　　　入）22,000　（買　掛　金）22,000　⇨　振替伝票

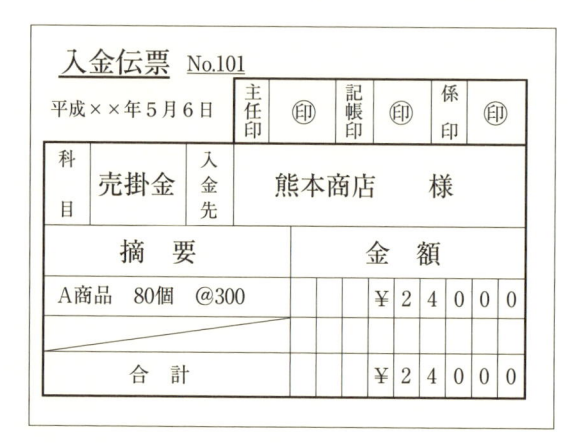

入金伝票 No.101						
平成××年5月6日	主任印 ㊞	記帳印 ㊞		係印 ㊞		
科目	売掛金	入金先	熊本商店　　　様			
摘　要			金　額			
A商品　80個　@300			¥	2	4	0	0	0
合　計			¥	2	4	0	0	0

出金伝票 No.201

平成××年5月3日

主任印	記帳印	係印
印	印	印

科目	買掛金	支払先	大分商店　様

摘　要	金　額
A商品　100個　@200	¥20,000
合　計	¥20,000

仕入伝票 No.401

平成××年5月3日

主任印	記帳印	係印
印	印	印

科目	買掛金	仕入先	大分商店　様

摘　要	金　額
A商品　100個　@200	¥20,000
合　計	¥20,000

売上伝票 No.501

平成××年5月6日

主任印	記帳印	係印
印	印	印

科目	売掛金	得意先	熊本商店　様

摘　要	金　額
A商品　80個　@300	¥24,000
合　計	¥24,000

振替伝票	No.301	主任印 ㊞	記帳印 ㊞	係印 ㊞
平成××年5月15日				

借方科目	金　額	貸方科目	金　額
仕　入	￥22000	買掛金	￥22000
合　計	￥22000	合　計	￥22000

摘要　鹿児島商店から商品の仕入れ，B商品100個＠220

[4] 伝票制の仕訳と記入方法(現金取引を含む場合)

[3伝票制]

　現金取引を含む取引が発生した場合には，振替伝票と入金伝票あるいは出金伝票に記入する必要がある。その伝票記入の方法として2つがある。
　たとえば，売上代金の一部を現金で受け取り，残額を掛けとする場合の一般仕訳は，次のようになる。

(現　　金) ××	(売　　上) ××	⇨	一般仕訳
(売 掛 金) ××			

(方法1)　現金分は入金伝票に記入し，売掛金分は振替伝票に記入する方法

(売 掛 金) ××	(売　　上) ××	⇨	振替伝票
(現　　金) ××	(売　　上) ××	⇨	入金伝票

(方法2)　売上の全額を売掛金として一旦計上し，振替伝票に記入し，売掛金の一部を現金で受け取ったとものとして，入金伝票に記入する方法

(売 掛 金) ××	(売　　上) ××	⇨	振替伝票
(現　　金) ××	(売 掛 金) ××	⇨	入金伝票

[5伝票制]

　3伝票制の入金伝票・出金伝票・振替伝票に，仕入伝票と売上伝票を加えたのが5伝票制である。

＊仕入伝票・売上伝票

　仕入伝票には，仕入取引をすべて，一旦，掛け取引として記入し，すぐに掛け代金が決済されたものとして，決済における取引を伝票に記入する。また，売上伝票には，売上取引のすべてを，一旦，掛け取引として記入し，すぐに掛け代金が回収されたものとして，回収における取引を伝票に記入する。

［5］3伝票制の記入（現金取引を含む場合）

設例35-3

次の取引を，2つの方法で入金伝票と振替伝票に記入する。
　6月5日，長崎商店に商品500,000円を売上，100,000円は現金で受け取り，残りは掛けとした。

（方法1）
　　　（売　掛　金）　400,000　　（売　　　上）　400,000　⇨　振替伝票
　　　（現　　　金）　100,000　　（売　　　上）　100,000　⇨　入金伝票

No.301　　　　振替伝票	No.101　　　　入金伝票
平成××年6月5日	平成××年6月5日
売掛金　400,000　売　上 400,000	売　上　　100,000

（方法2）
　　　（売　掛　金）　500,000　　（売　　　上）　500,000　⇨　振替伝票
　　　（現　　　金）　100,000　　（売　掛　金）　100,000　⇨　入金伝票

No.301　　　　振替伝票	No.101　　　　入金伝票
平成××年6月5日	平成××年6月5日
売掛金　500,000　売　上 500,000	売掛金　　100,000

[6] 5伝票制の記入（現金取引を含む場合）

設例35-4

次の取引につき，5伝票制で伝票を記入する。
1) 5月22日，大阪商店から商品150,000円を仕入れ，代金を現金で支払った。
　　（仕　　入）150,000　（買　掛　金）150,000　⇨　仕入伝票
　　（買　掛　金）150,000　（現　　金）150,000　⇨　出金伝票

```
No.405      仕入伝票              No.204      出金伝票
      平成××年5月22日                   平成××年5月22日
   大阪商店（掛）   150,000         買掛金    150,000
```

2) 5月26日，東京商店に商品300,000円を売り上げ，代金のうち100,000円は約束手形で受け取り，残額は掛けとした。
　　（売　掛　金）300,000　（売　　上）300,000　⇨　売上伝票
　　（受取手形）100,000　（売　掛　金）100,000　⇨　振替伝票

```
No.508      売上伝票              No.309      振替伝票
      平成××年5月26日                   平成××年5月26日
   東京商店（掛）   300,000      受取手形 100,000   売掛金 100,000
```

練習問題

講義6・練習問題

次の取引の仕訳を行いなさい。
1) 現金1,000,000円を元入れして，会社を設立した。
2) 机・イスなどの備品200,000円を購入し，代金は現金で支払った。
3) 売掛金300,000円の回収として小切手で受け取った。
4) 社債の利札10,000円につき支払期日が到来した。
5) 現金100,000円を当座預金に預け入れた。
6) 銀行より現金300,000円を借り入れた。
7) 事務所の家賃50,000円を現金で支払った。
8) 買掛金50,000円の支払いのため，小切手を振り出して支払った。なお，当座預金残高は40,000円である（当座借越勘定を使用）。

講義7・練習問題

次の取引の仕訳を行いなさい。
1) 4月1日，商品50,000円を仕入れ，30,000円は現金で残額は掛けとした。
2) 4月8日，商品20,000円を売り上げ，10,000円は現金で残額は掛けとした。
3) 5月1日，商品70,000円を仕入れ，代金は掛けとした。
4) 5月2日，5月1日に仕入れた商品のうち，20,000円分を返品した。
5) 5月3日，5月1日に仕入れた商品から3,000円の値引きを受けた。
6) 6月1日，商品40,000円を売り上げ，代金は掛けとした。
7) 6月2日，6月1日に売り上げた商品のうち，10,000円分が返品された。
8) 6月3日，6月1日に売り上げた商品から2,000円の値引きをした。

講義8・練習問題

次の取引の仕訳を行いなさい。
1) 商品40,000円を仕入れ，代金を掛けとし引取費1,000円は現金で支払った。
2) 商品50,000円を売り上げ，代金は掛としたが，発送費2,000円（当方負担）は現金で支払った。
3) 商品200,000円を売り上げ，代金は掛けとしたが，発送費5,000円（先方負担）は現金で立替え払いをした（立替金勘定を使用する）。
4) 先日，仕入契約にもとづき，内金として30,000円を現金で前もって支払っていたが，本日，商品200,000円の引受けを行い，内金を差し引いた残額の170,000円を現金で支払った
5) 先日，販売契約にもとづき，内金として30,000円を現金で受け取っていたが，本日，商品200,000円の引渡しを行い，内金を差し引いた残額の170,000円を現金で受け取った。

講義9・練習問題（1）

次の取引の仕訳を行いなさい。
1) 商品40,000円を売り上げ，20,000円を現金で受け取り，残額は掛けとした。
2) 商品60,000円を仕入れ，10,000円を現金で支払い，残額は掛けとした。
3) 備品80,000円を売却し，代金は後日に受け取ることにした。
4) 建物100,000円を購入し，代金は現金で支払い，仲介手数料12,000円は後日払いとした。
5) 従業員の依頼により，現金30,000円を立て替えた。
6) 給料200,000円から，社会保険料20,000円と源泉所得税5,000円を差し引いて現金175,000円を支払った。
7) 従業員の出張につき，現金50,000円を仮払いした。

講義9・練習問題（2）

次の取引の仕訳を行いなさい。
1) 従業員に60,000円の仮払いをしていたが，帰着後に精算すると，旅費交通費35,000円の使用が判明し，差額25,000円の返金を受けた。
2) 先日の送金30,000円を仮り受けていたが，売掛金の回収と判明した。
3) 現金40,000円の貸付けにつき，約束手形を受け取った。
4) 現金70,000円の借入れのため，約束手形を振り出した。
5) 商品40,000円を販売し，代金は自己が発行した商品券30,000円と差額の10,000円を現金で受け取った。
6) 商品90,000円を販売し，代金は他者が発行した他店商品券50,000円と差額の40,000円は現金で受け取った。

講義10・練習問題

次の取引の仕訳を行いなさい。
1) 明石商店は，姫路商店より商品400,000円を仕入れ，代金は約束手形を振り出して支払った（双方の仕訳をする）。
2) 徳島商店は，淡路商店に対する買掛金50,000円の支払いのため，約束手形を振り出して支払った（双方の仕訳をする）。
3) 板橋商店に対する売掛金20,000円の回収として，先方振出しの約束手形を受け取った。
4) 成増商店に対する買掛金30,000円の支払いとして，約束手形を振り出して支払った。

講義11・練習問題

次の取引の仕訳を行いなさい。
1）田町商店は，上野商店に商品80,000円を売り上げ，代金は同店振出し，品川商店引受けの為替手形50,000円を受け取り，残額は掛けとした。
2）神田商店は，大手町商店より商品50,000円を仕入れ，同店受取り，原宿商店引受けの為替手形30,000円を振り出し，残額は掛けとした。
3）当店は，神戸商店に対する買掛金の支払いにつき，同店振出しの為替手形20,000円の引受けを行った。
4）三田商店に対する売掛金の回収として，同店振出し三木商店引受けの為替手形40,000円を受け取った。
5）西宮商店に商品60,000円を売り上げ，20,000円については同店振出しの小切手で，残額は同店振出し，尼崎商店引受けの為替40,000円で受け取った。

講義12・練習問題

次の取引の仕訳を行いなさい。
1）板橋商店は，池袋商店より商品70,000円を仕入れ，代金の支払いとして，かねてより受け取っていた練馬商店振出しの約束手形60,000円を裏書譲渡し，残額は掛けとした。
2）板橋商店は，新宿商店に商品50,000円を売り上げ，代金は渋谷商店振出しの約束手形20,000を裏書譲渡され，残額は小切手で受け取った。
3）板橋商店は，東京商店に商品20,000円を売り上げ，代金は自己振出の約束手形を裏書譲渡された。
4）板橋商店は，新宿商店に商品30,000円を売り上げ，代金は原宿商店引受けの為替手形を裏書譲渡された。
5）板橋商店は，東京商店に商品60,000円を売り上げ，代金は自己引受けの為替手形を裏書譲渡された。

講義13・練習問題

次の取引の仕訳を行いなさい。
1）札幌商店は，かねてより受け取っていた小樽商店振出しの約束手形の取立てを金融機関に依頼していたが，本日，満期日となり，当座預金口座に手形代金200,000円が振り込まれた。
2）徳島商店は，愛媛商店が四国商店への買掛金支払いのために振り出した為替手形30,000円の引受けをしていたが，本日，満期日となり，当座預金口座から手形代金30,000円が差し引かれていた。
3）鹿児島商店は，保有している約束手形200,000円を，満期日前に金融機関にて50日分を割り引かれて，手取金を当座預金へ預け入れた。年利（割引率）は年10.95％である。
4）名古屋商店は，保有している約束手形100,000円を，満期日前に金融機関にて73日分を割り引かれて，手取金を当座預金へ預け入れた。年利（割引率）は年8％である。

講義14・練習問題

次の取引の仕訳を行いなさい。
1）東京商店が倒産し，先方に対する売掛金90,000円が回収不能となった。なお，貸倒引当金は設定していない。
2）決算により，売掛金の期末残高60,000円と受取手形の期末残高40,000円に対して，2％が回収不能と想定され，貸倒引当金を設定する。
3）広島商店に対する売掛金50,000円が回収不能となった。なお，貸倒引当金残高は60,000円である。
4）大分商店に対する売掛金40,000円が回収不能となった。なお，貸倒引当金残高は10,000円である。
5）宮崎商店に対する売掛金20,000円が回収不能となった。なお，貸倒引当金残高は残っていない。
6）前期に貸倒れとして処理していた売掛金10,000円が，当期になって回収可能となり，その額を現金で受け取った。

講義15・練習問題

次の取引の仕訳を行いなさい。
1）当期の期末における貸倒引当金残高は2,000円である。現在，当期の期末の売掛金と受取手形の残高は合計で300,000円であり，そのうちの２％が回収不能と見込まれる。差額補充法にて貸倒引当金を設定する。
2）当期の期末における貸倒引当金残高は1,000円である。現在，当期の期末の売掛金と受取手形の残高は合計で400,000円あるが，そのうちの２％が回収不能と見込まれる。洗替法にて貸倒引当金を設定する。
3）当期の期末における貸倒引当金残高は10,000円である。現在，当期の期末の売掛金と受取手形の残高は合計で400,000円であるが，そのうちの２％が回収不能と見込まれる。貸倒引当金を設定する。

講義16・練習問題

次の取引の仕訳を行いなさい。
1）建物800,000円を購入し，小切手を振り出して支払った。なお，登録手数料20,000円は現金で支払った。
2）建物の内装が一部汚損したので，汚損部分を修復するために，修繕を施しその費用30,000円を現金で支払った。
3）建物を改造して，その費用100,000円を，小切手を振り出して支払った。
4）建物の取得原価は500,000円で，残存価額は取得原価の10％とする。また，耐用年数は10年である。毎年の減価償却費を計算する（定額法）。
5）備品の取得原価は400,000円で，残存価額は取得原価の10％とする。また，耐用年数は６年である。毎年の減価償却費を計算する（定額法）。
6）車両の取得原価は200,000円で，残存価額は取得原価の10％とする。また，耐用年数は９年である。購入から決算日まで９ヶ月が経過している。当期の減価償却費を計算する（定額法）。

講義17・練習問題

次の取引の仕訳を行いなさい。
1）決算にあたり，取得原価200,000円の建物につき減価償却費を計上する。なお，残存価額は取得原価の10％とし，耐用年数は10年である。毎年の減価償却費を計算し，間接法により記帳する。
2）5年前に購入した車両が不用となり，350,000円で売却し，代金は現金で受け取った。5年目の減価償却を終えたところである（定額法・直接法）（取得原価600,000円・残存価額60,000円・耐用年数は9年）。
3）上記の車両を200,000円で売却し，代金は現金で受け取った（直接法）。
4）2年前に購入した備品が不用となり，340,000円で売却し，代金は現金で受け取った。2年目の減価償却を終えたところである（定額法・間接法）（取得原価500,000円・残存価額50,000円・耐用年数は5年）。
5）上記の備品を280,000円で売却し，代金は現金で受け取った（間接法）。

講義18・練習問題

次の取引の仕訳を行いなさい。
1）売買目的として，東京株式会社の株式1,000株を，1株180円で購入し，手数料4,000円を含めて現金で支払った。
2）上記株式1,000株を，1株当たり200円で売却し，代金は現金で受け取った。
3）売買目的として，社債額面1,000,000円を1口100円のところを96円で購入していたが，社債のすべてを1口92円で売却し，代金は現金で受け取った。
4）保有している売買目的有価証券1,000株（取得原価は1株当たり300円）につき，時価が1株当たり320円に上昇したため評価替えを行う。
5）保有している売買目的有価証券1,000株（取得原価は1株当たり100円）につき，時価が1株当たり90円に下落したため評価替えを行う。

講義19・練習問題

次の取引の仕訳を行いなさい。
1) 9月1日，家賃として，向こう6ヶ月分24,000円を現金で支払った。
2) 12月31日，決算にあたり，9月1日に支払った家賃のうち，次期に属する前払分8,000円を繰り延べる。
3) 1月1日，繰り延べた前払家賃の再振替えを行った。
4) 8月1日，保険料として，向こう1年分12,000円を現金で受け取った。
5) 12月31日，決算にあたり，8月1日に受け取った保険料のうち，次期に属する前受分7,000円を繰り延べる。
6) 1月1日，繰り延べた前受保険料の再振替えを行った。

講義20・練習問題

次の取引の仕訳を行いなさい。
1) 12月31日，300,000円を，年利10%で利息を1年ごとに支払い，元本を5年後に返済する条件で7月1日に借り入れているが，決算にあたり当期の会計期間に属する未払分を見越し計上する（未払分15,000円）。
2) 1月1日，未払利息の再振替えを行った。
3) 6月30日，1年間分の利息30,000円を，現金で支払った。
4) 12月31日，9月1日に機械設備を貸与し，それに掛かる保険料を1年後に受け取る契約をしている。保険料の月額は2,000円である。決算にあたり当期の会計期間に属する未収分を見越し計上する（未収分8,000円）。
5) 1月1日，未収保険料の再振替えを行った。
6) 8月31日，1年間分の保険料24,000円を現金で受け取った。

講義21・練習問題

次の取引の仕訳を行いなさい。
1) 10月20日，10月10日に現金の実際有高が帳簿残高を3,000円超過していたので現金過不足勘定で処理していたが，その原因は，受取利息の記帳漏れであることが判明した。
2) 11月28日，11月12日に現金の実際有高が帳簿残高より8,000円不足していたので現金過不足勘定で処理していたが，その原因は，支払家賃の記帳漏れであることが判明した。
3) 12月31日，10月15日，現金の実際有高が帳簿残高より5,000円が超過していたため，現金過不足勘定に記帳していたが，決算にあたりその原因が判明しなかったので，雑益勘定へ振り替えた。
4) 12月31日，12月24日，現金の実際有高が帳簿残高より2,000円が不足していたため，現金過不足勘定に記帳していたが，決算にあたりその原因が判明しなかったので，雑損勘定へ振り替えた。
5) 12月31日，決算にあたり，引出金残高60,000円を振り替えた。

講義22・練習問題

次の取引の仕訳を行い，仕訳帳と総勘定元帳を作成しなさい。なお，総勘定元帳には，あらかじめ前期繰越を記入済みである。
1) 1月1日，売掛金400,000円の回収として，小切手で受け取った。
2) 3月8日，熊本商店から商品500,000円を仕入れ，代金は掛けとした。
3) 4月9日，熊本商店から仕入れた商品のうち，10,000円分は不良品であるため返品した。
4) 5月10日，商品を大分商店に450,000円で売り上げ，代金のうち50,000円は現金で受け取り，残りは掛けとした。
5) 6月13日，九州銀行から500,000円を借り入れ，当座預金とした。
6) 7月19日，商品を宮崎商店に300,000円で売り上げ，代金は掛けとした。
7) 8月25日，家賃50,000円を，小切手を振り出して支払った。
8) 10月26日，大分商店に対する売掛金100,000円を小切手で受け取り，ただちに当座預金に預け入れた。
9) 11月28日，従業員の給料100,000円を小切手を振り出して支払った。
10) 12月30日，水道光熱費5,000円を現金で支払った。

講義23・練習問題

「講義22・練習問題」の総勘定元帳により，合計残高試算表を作成しなさい。

講義24・練習問題

「講義23・練習問題」の合計残高試算表と以下の決算整理事項につき，棚卸表を作成し，併せて決算整理仕訳を行いなさい。

1) 期末商品棚卸高は300,000円である（うち，A商品は100個@900円，B商品は150個@1,400円）。なお，売上原価は「仕入」勘定で計算する。
2) 売掛金残高に対して3％の貸倒引当金を計上する（差額補充法）。なお，決算整理前の貸倒引当金勘定の残高は10,000円である。
3) 備品の取得原価は200,000円で，その残存価額は取得原価の10％である（耐用年数は6年，間接法）。
4) 支払った家賃には，来月の1ヶ月分（25,000円）が含まれている。

講義25・練習問題

「講義23・練習問題」の合計残高試算表と，「講義24・練習問題」の決算整理仕訳につき，精算表を作成しなさい。

講義26・練習問題

「講義24・練習問題」の決算整理仕訳を「講義22・練習問題」の費用・収益勘定へ転記し，費用勘定と収益勘定の振替仕訳を行い，費用勘定と収益勘定を締め切りなさい。

講義27・練習問題

「講義24・練習問題」の決算整理仕訳を，「講義22・練習問題」の資産・負債・純資産勘定へ転記し，残高を繰り越すための繰越試算表を作成しなさい。

講義28・練習問題

「講義26・練習問題」の損益勘定につき損益計算書を作成し，また「講義27・練習問題」の繰越試算表につき貸借対照表を作成しなさい。

講義29・練習問題（1）

以下の現金に係わる取引につき，現金出納帳を作成しなさい。
1）4月1日，現金500,000円を元入れして営業を開始した。
2）4月5日，備品（応接セット）150,000円を購入し，現金で支払った。
3）4月10日，商品を大分商店に150,000円で売り上げ，代金のうち50,000円は現金で受け取り，残りは掛けとした。
4）4月26日，売掛金100,000円の回収として，現金で受け取った。
5）4月30日，水道光熱費5,000円を，現金で支払った。

講義29・練習問題（2）

以下の当座預金に係わる取引につき，当座預金出納帳を作成しなさい。なお，当座預金の前月繰越額は60,000円である。
1）6月5日，山口商店より商品12,000円を仕入れ，小切手♯3を振り出して支払った。
2）6月10日，30,000円の約束手形♯7が満期となり，当座預金に振り込まれた。
3）6月15日，埼玉商店より売掛金25,000円が当座預金に振り込まれた。
4）6月18日，備品を購入した代金として20,000円を，小切手♯4を振り出して支払った。
5）6月30日，家賃15,000円を，小切手♯5を振り出して支払った。

講義30・練習問題

次の取引につき，小口現金出納帳を定額資金前渡法により作成しなさい。
1）4月1日，会計係は30,000円の小切手を振り出し，用度係に渡した。
2）4月7日，電車代として，5,000円を支払った。
3）4月12日，事務用品を購入するために，3,500円を支払った。
4）4月18日，電話代として，6,000円を支払った。
5）4月23日，雑誌代として，8,000円を支払った。
6）4月30日，会計係は支払報告を受け，同額の小切手で補給した。

講義31・練習問題

次の取引につき，受取手形記入帳と支払手形記入帳を作成しなさい。

1) 4月5日，大阪商店から商品100,000円を仕入れ，代金は約束手形♯5を振り出して支払った（振出日　4月5日，満期日　4月30日，支払場所　九州銀行）。

2) 4月12日，宮崎商店に対する売掛金400,000円の回収として，熊本商店振出し，香川商店引受けの為替手形♯9を受け取った（振出日　4月12日，満期日　6月30日，支払場所　香川銀行）。

3) 4月15日，大分商店から商品500,000円を仕入れ，代金のうちの100,000円は現金で支払い，残りの400,000円は宮崎商店から受け取った為替手形♯9を裏書譲渡した。

4) 4月19日，東京商店に商品300,000円を売り上げ，代金は同店振出し，当店宛の約束手形♯10を受け取った（振出日　4月19日，満期日　4月30日，支払場所　東京銀行）。

5) 4月23日，東京商店から受け取った約束手形♯10を銀行で割り引き，割引料10,000円が差し引かれ，残金は現金で受け取った。

6) 4月25日，山口商店に商品200,000円を売り上げ，代金は同店が振り出した約束手形♯12を受け取った（振出日　4月25日，満期日　5月12日，支払場所　山口銀行）。

7) 4月30日，大阪商店に渡した約束手形♯5が満期となり，取引銀行から預金が引き落とされた連絡を受けた。

講義32・練習問題

次の取引につき，売掛金元帳と買掛金元帳を作成しなさい。

1) 4月8日，熊本商店から商品500,000円を仕入れ，代金は掛けとした（送り状は＃4）。
2) 4月9日，熊本商店から仕入れた商品のうち，10,000円分は不良品であるため返品した。
3) 4月10日，大分商店に商品150,000円を売り上げ，代金は掛けとした（送り状は＃8）。
4) 4月19日，宮崎商店に商品300,000円を売り上げ，代金は掛けとした（送り状は＃9）。
5) 4月26日，大分商店に売り上げた商品に対する売掛金のうち，100,000円は小切手で受け取った。

講義33・練習問題

次の取引につき，仕入帳と売上帳を作成しなさい。

1) 4月8日，熊本商店から商品500,000円を仕入れ，代金は掛けとした（商品B 500個@1,000円）。
2) 4月9日，熊本商店から仕入れた商品のうち，10,000円分は不良品であるため返品した（商品B 10個@1,000円）。
3) 4月10日，大分商店に商品150,000円を売り上げ，代金は掛けとした（商品B 100個@1,500円）（送り状＃12）。
4) 4月19日，商品を宮崎商店に300,000円で売り上げ，代金は掛けとした（商品B 200個@1,500円，送り状＃14）。
5) 4月21日，大分商店に売り上げた商品のうち，品違いのため，5個7,500円分が返品された。
6) 4月22日，鹿児島商店から商品400,000円を仕入れ，100,000円は小切手を振り出して支払い，残額は掛けとした（商品C 800個@500円，小切手＃18）。
7) 4月23日，鹿児島商店から仕入れた商品のうち，品質不良品を発見したため，5,000円の値引きを受けた。
8) 4月28日，宮崎商店に売り上げた商品に対して，3,000円の値引きをした。

講義34・練習問題

次の取引につき，先入先出法により商品有高帳を作成しなさい。
1) 4月2日，商品B300個@100円で仕入れた。
2) 4月9日，商品B200個@110円で仕入れた。
3) 4月13日，商品B400個を売り上げた。
4) 4月16日，商品B200個@95円で仕入れた。
5) 4月25日，商品B200個を売り上げた。

講義35・練習問題（1）

次の取引につき，3伝票制により伝票に記入しなさい。なお，一部現金取引については，2つの方法により伝票に記入しなさい。
1) 7月3日，山口商店より商品65,000円を仕入れ，代金は現金で支払った。
2) 7月8日，山梨商店に商品90,000円を売り上げ，そのうち20,000円は現金で受け取り，残額は掛けとした。
3) 7月10日，事務用のパソコンを50,000円で購入し，代金は来月に支払うことにした。

講義35・練習問題（2）

次の取引につき，5伝票制により伝票に記入しなさい。
1) 6月6日，長崎商店から商品85,000円を仕入れ，代金のうち25,000円は現金で支払い，残額は掛けとした。
2) 6月17日，宮崎商店に商品45,000円を売り上げ，代金は同額の約束手形を受け取った。

索　引

あ行

- 預り金勘定……………………58
- 洗替法…………………………86
- 移動平均法……………………186
- 受取手形勘定………… 65, 68, 72
- 受取手形記入帳………………169
- 受取人…………………………64
- 受取人（指図人）……………67
- 裏書……………………………72
- 裏書人…………………………72
- 売上勘定………………………43
- 「売上原価」の勘定…………155
- 売上諸掛費……………………50
- 売上帳…………………………182
- 売上伝票………………………192
- 売上値引き……………………47
- 売上返品………………………47
- 売掛金勘定……………………55
- 売掛金元帳……………………175
- 英米式決算法…………………142

か行

- 買掛金勘定……………………56
- 買掛金元帳……………………177
- 会計責任………………………6
- 掛け取引………………………55
- 貸方……………………………10
- 貸倒れ…………………………80
- 貸倒損失勘定…………………80
- 貸倒引当金勘定………………81
- 貸倒引当金繰入勘定…………81
- 貸倒引当金戻入勘定…………86
- 貸付金勘定……………………60
- 借入金勘定……………………60
- 仮受金勘定……………………59
- 借方……………………………10
- 仮払金勘定……………………59
- 勘定……………………………9
- 勘定口座………………………33
- 間接法…………………………93
- 口数……………………………100
- 繰越試算表……………………151
- 繰越商品勘定…………………43
- 繰延べ…………………………105
- 経営成績………………………15
- 決算……………………………118
- 決算整理………………………131
- 決算整理事項…………………131
- 決算整理仕訳…………………118
- 決算日…………………………118
- 決算振替仕訳…………………142
- 決算本手続き…………………118
- 決算予備手続き………………118
- 減価償却（費）………………90
- 減価償却費勘定………………93
- 減価償却累計額勘定…………93
- 現金過不足勘定………………113
- 現金勘定………………………36
- 現金出納帳…………… 159, 160
- 交換取引………………………30
- 工業簿記………………………4
- 合計残高試算表………………127
- 合計試算表……………………127
- 小切手…………………………36
- 小口現金………………………163

小口現金出納帳……………… 164, 166	商業簿記……………………… 4
固定資産除却損勘定……………96	「商品」の勘定 ……………… 156
固定資産売却益勘定………… 94, 95	商品有高帳…………………… 185
固定資産売却損勘定………… 94, 95	商品券勘定……………………62
5伝票制………………………… 192	消耗品勘定…………………… 116
混合取引…………………………30	消耗品費勘定………………… 116
	仕訳………………………… 5, 8
さ 行	人名勘定……………………… 173
	随時補給法…………………… 165
財産法……………………………20	ズムマ………………………… 2
財政状態…………………………14	精算表………………………… 136
財務諸表…………………………14	前期繰越……………………… 148
差額補充法………………………85	損益勘定……………………… 143
先入先出法…………………… 186	損益計算書……………………15
雑益勘定……………………… 114	損益取引…………………………30
雑損勘定……………………… 114	損益法……………………………20
残高試算表…………………… 127	
3伝票制……………………… 190	**た 行**
3分法……………………………43	
仕入勘定…………………………43	貸借対照表……………………14
仕入原価…………………………49	貸借平均の原理………………11
仕入諸掛費………………………49	立替金勘定………………… 51, 58
仕入帳………………………… 180	他店商品券勘定………………62
仕入伝票……………………… 192	棚卸表………………………… 131
仕入値引き………………………45	単式簿記……………………… 3
仕入返品…………………………45	帳簿残高……………………… 113
次期繰越……………………… 148	直接法……………………………93
試算表………………………… 126	定額資金前渡法……………… 165
実際有高……………………… 113	定額法……………………………90
支払期日到来公社債利札………36	定率法……………………………90
支払手形勘定………………65, 68, 72	手形貸付金勘定………………61
支払手形記入帳……………… 169	手形借入金勘定………………61
支払人(引受人・名宛人)………67	手形売却損勘定………………78
資本的支出………………………89	てん末………………………… 170
社債…………………………… 100	当座借越勘定……………………40
収益的支出………………………89	当座勘定…………………………41
出金伝票……………………… 190	当座預金勘定……………………38
償却債権取立益勘定……………83	当座預金出納帳……………… 159, 161

統制勘定	173	前受収益勘定	107
取立て	76	前払金勘定	52
取引	5	前払費用勘定	106
取引の2面性	12	見越し	109
		未収金勘定	57
		未収収益勘定	111
		未払金勘定	57

な行

名宛人	64	未払費用勘定	110
入金伝票	190	戻入れ	86

は行

や行

配当金領収書	36	有価証券売却益勘定	98, 100
売買目的有価証券	98	有価証券売却損勘定	98, 100
売買目的有価証券勘定	98	有価証券評価益勘定	102
8桁精算表	137	有価証券評価損勘定	102
発送費勘定	50	郵便為替証書	36
払出単価	185, 186		
被裏書人	72		
引出金勘定	115		

ら行

評価替え	102	ルカ＝パチョーリ	2
複式簿記	3	6桁精算表	137
振替伝票	190		
振出し	64		

わ行

振出人	64, 67	割引	77
簿記	2	割引料	77
補助記入帳	158		
補助簿	158		
補助元帳	158		

ま行

前受金勘定	53

【著者紹介】

吉田　康久（よしだ　やすひさ）
神戸学院大学経営学部教授　博士（経営学）（兵庫県立大学）
1997年，青山学院大学大学院経営学研究科標準年限修了。九州産業大学経営学部講師・助教授・教授，ロンドン大学訪問研究員を経て，2014年より現職。
主な業績として，『簿記原理』（単著，税務経理協会，2002年），『ABCによる原価管理研究』（単著，中央経済社，2002年），『活動原価会計の研究』（単著，中央経済社，2005年），『原価計算基礎論』（単著，中央経済社，2012年），「組織における責任・原価センター識別観の変遷と考慮要因」（『公会計研究』（国際公会計学会）第11巻第21号，2009年），他。

魏　巍（ウェイ　ウェイ）
九州産業大学経営学部准教授　博士（経営学）（兵庫県立大学）
2008年，兵庫県立大学大学院経営学研究科卒業。九州産業大学経営学部講師を経て，2013年より現職。
主な業績として，「中国における会計制度改革に関する一考察――会計観の変更をめぐって」（『国際会計研究学会年報』2007年），「中国における会計制度改革に関する一考察――会計基準のコンバージェンスをめぐって」（『九州産業大学経営学論集』第20巻第2号，2009年），「中国における会計制度改革に関する史的考察――会計制度と財務制度の相互関連性をめぐって」（『九州産業大学経営学論集』第20巻第4号，2010年）。

簿記原理入門

2011年3月25日　第1版第1刷発行
2017年2月15日　第1版第6刷発行

著　者　吉　田　康　久
　　　　魏　　　　　　巍

発行者　山　本　　継

発行所　㈱中央経済社

発売元　㈱中央経済グループ
　　　　パブリッシング

〒101-0051　東京都千代田区神田神保町1-31-2
電話　03（3293）3371（編集代表）
　　　03（3293）3381（営業代表）
http://www.chuokeizai.co.jp/
製版／㈱プランニングセンター
印刷／三英印刷㈱
製本／㈱関川製本所

Ⓒ 2011
Printed in Japan

＊頁の「欠落」や「順序違い」などがありましたらお取り替えいたしますので発売元までご送付ください。（送料小社負担）
ISBN978-4-502-03960-7　C3034

JCOPY〈出版者著作権管理機構委託出版物〉本書を無断で複写複製（コピー）することは，著作権法上の例外を除き，禁じられています。本書をコピーされる場合は事前に出版者著作権管理機構（JCOPY）の許諾を受けてください。
JCOPY〈http://www.jcopy.or.jp　eメール：info@jcopy.or.jp　電話：03-3513-6969〉

学生・ビジネスマンに好評
■最新の会計諸法規を収録■

新版 会計法規集

中央経済社編

会計学の学習・受験や経理実務に役立つことを目的に，最新の会計諸法規と企業会計基準委員会等が公表した会計基準等を完全収録。新版では，従来より判型を大きくし，またレイアウトを横書きにするなど読者の便宜を考慮して全面的にリニューアルしている。

《主要内容》

会計諸基準編＝企業会計原則／外貨建取引等会計基準／研究開発費等会計基準／退職給付会計基準／税効果会計基準／減損会計基準／国際会計基準に関する意見書／自己株式会計基準／一株当たり当期純利益会計基準／退職給付会計基準の一部改正／役員賞与会計基準／純資産会計基準／株主資本等変動計算書会計基準／事業分離等会計基準／ストック・オプション会計基準／棚卸資産会計基準／金融商品会計基準／関連当事者会計基準／四半期会計基準／リース会計基準／工事契約会計基準／持分法会計基準／セグメント開示会計基準／資産除去債務会計基準／賃貸等不動産会計基準／企業結合会計基準／連結財務諸表会計基準／研究開発費等会計基準の一部改正／変更・誤謬の訂正会計基準／原価計算基準 他

会 社 法 編＝会社法・施行令・施行規則／会社計算規則 他

金融商品取引法編＝金融商品取引法・施行令／企業内容等開示府令／財務諸表等規則・ガイドライン／連結財務諸表規則・ガイドライン／四半期財務諸表等規則・ガイドライン／四半期連結財務諸表規則・ガイドライン 他

関連法規編＝税理士法

参 考 資 料＝討議資料・財務会計の概念フレームワーク 他

中央経済社